CHEMINS DE FER.

MÉMOIRE ADRESSÉ A MM. LES ADMINISTRATEURS

DES COMPAGNIES CONCESSIONNAIRES

SUR LES GARES

Considérées au point de vue de l'utilité générale
et de l'embellissement des villes.

PARIS.

TYPOGRAPHIE HENNUYER, RUE DU BOULEVARD, 7. BATIGNOLLES.
Boulevard extérieur de Paris.

1859.

CHEMINS DE FER.

MÉMOIRE ADRESSÉ A MM. LES ADMINISTRATEURS

DES COMPAGNIES CONCESSIONNAIRES

SUR LES GARES

Considérées au point de vue de l'utilité générale
et de l'embellissement des villes.

Mauret de Pouville

PARIS.

TYPOGRAPHIE HENNUYER, RUE DU BOULEVARD, 7. BATIGNOLLES.
Boulevard extérieur de Paris.

1859

CHEMINS DE FER

MÉMOIRE ADRESSÉ A MM. LES ADMINISTRATEURS

DES COMPAGNIES CONCESSIONNAIRES

SUR LES GARES.

CHAPITRE I.

CONSIDÉRATIONS PRÉLIMINAIRES SUR LA CRÉATION DES CHEMINS DE FER EN FRANCE.

Lors des premières tentatives qui furent faites, en France, pour la création des chemins de fer, soit par le gouvernement, soit par les Compagnies soumissionnaires, ces chemins et leur exécution étaient considérés comme des entreprises d'intérêt privé, comme des spéculations industrielles et financières que le commerce surtout réclamait et auxquelles les capitaux tendaient à se porter, par l'espoir des bénéfices que ce placement semblait leur promettre. Le gouvernement et les Chambres législatives, après avoir longtemps hésité sur le mode d'exécution de ces nouveaux moyens de communication et de transport, paraissaient plutôt, en décidant enfin la construction des voies ferrées, accorder leur appui à de grandes opérations industrielles, que travailler eux-mêmes, en vue de l'avenir, à une œuvre de haute et urgente utilité nationale et même d'intérêt universel.

Car il n'est que trop certain que, dans le principe, alors que l'Angleterre, l'Amérique du Nord, la Belgique et plusieurs Etats allemands possédaient déjà, dès 1826, des chemins de fer de longue étendue qui enrichissaient leurs fondateurs, le gouvernement français ne se pressait pas de doter notre pays de semblables établissements. Il est vrai qu'il y avait eu alors concession de deux petites voies ferrées, de 18 à 50 kilomètres de longueur, de Saint-Etienne à Andrézieux et de Saint-Etienne à Lyon ; mais leur exécution était très-lente, et, jusqu'en janvier 1834, quatre tronçons seulement, dont deux de 15 et 18 kilomètres, et deux de 21 kilomètres, avaient été livrés à la circulation.

Or, à cette époque, et il est juste de citer cet exemple, un fait important, qui se passait près des frontières mêmes de la France, devait faire ouvrir les yeux à nos gouvernants et attirer toute leur attention.

La Belgique, qui venait à peine d'être élevée au rang de pays indépendant, se hâta de donner aux autres nations une éclatante preuve de sa vitalité et de sa puissance, en réalisant sans retard le principe de l'établissement des voies ferrées sur son territoire. Dès 1834, et deux ans à peine après la formation de ce nouveau royaume, le gouvernement avait promulgué la loi, votée par les Chambres belges, pour la création du vaste réseau de chemins de fer qui, tous terminés depuis longtemps, sillonnent aujourd'hui ce pays dans tous les sens.

C'est là un titre de gloire pour le roi Léopold Ier, qui s'est acquis aussi, par cette grande et utile mesure, des droits irrécusables à l'estime des anciennes monarchies européennes, à la reconnaissance et aux bénédictions du peuple belge, que cet auguste souverain s'applique à gouverner avec la plus sage fermeté, unie au libéralisme le plus éclairé. Le roi des Belges a été dignement secondé dans cette œuvre de progrès par le ministre des travaux publics, M. Nothomb, et ses habiles collaborateurs, MM. Simons et de Ridder, et M. Masui, directeur général de l'exploitation. Leurs noms sont aussi attachés à cette belle création, à cet immense bienfait national.

Tandis que, en Angleterre, où furent établis, on le sait, les premiers chemins de fer de quelque importance pour le transport des voyageurs, les hommes d'État et les membres du cabinet se prononçaient hautement, dès 1834, pour la prompte exécution des voies ferrées, nous voyons en France, vers cette même époque, des députés et même des ministres exprimer des opinions tout opposées. Leur erreur à cet égard allait jusqu'à contester du haut de la tribune parlementaire que la construction des voies ferrées pût jamais prendre, sur le sol français, le développement qu'on avait supposé d'abord [1].

L'année suivante, le 2 avril 1835, le ministre de l'intérieur, dans l'exposé des motifs, très-remarquable d'ailleurs, du projet du chemin *de Paris au Havre et à Rouen par Gisors,* avec embranchement sur Pontoise et Dieppe, apprécie avec une grande circonspection les avantages et les difficultés de la création des chemins de fer :

« Aucun genre d'entreprise, dit-il, n'a autant exalté les esprits que les chemins de fer. Les observateurs exacts de ce qui s'est passé entre Dublin, Liverpool et Manchester, depuis que la navigation à la vapeur et une voie de fer ont réuni ces trois points importants, ont été justement frappés de la nouveauté, de la fécondité des relations qui naissent de ce singulier rapprochement des hommes et des choses. Mais si le premier aspect est séduisant en fait de créations nouvelles, le second, en montrant les difficultés, calme l'ardeur, souvent même produit le découragement. C'est ce qui est arrivé aux chemins de fer.

« On a beaucoup trop espéré d'abord ; on a été beaucoup trop frappé des difficultés ensuite. Il faut se garder de ce double sentiment ; il ne faut ni trop espérer, ni trop se décourager : il faut mesurer juste les avantages et les difficultés, puis mettre la main à l'œuvre en parfaite connaissance de cause. »

. . . .

[1] Voir, à ce sujet, l'excellent *Traité élémentaire,* de M. Perdonnet, ingénieur administrateur du chemin de fer de l'Est : nous avons été heureux d'y trouver ces derniers détails et d'autres utiles renseignements.

Voir également l'ouvrage de M. Michel Chevallier, cité avec de si justes éloges dans tous les écrits publiés sur les chemins de fer, dont cet éminent économiste avait si bien deviné l'avenir et dont il a toujours si éloquemment défendu les intérêts.

On peut donc dire avec vérité que le défaut d'initiative et les indécisions des pouvoirs publics avaient seuls retardé la création des chemins de fer en France, et avaient fâcheusement influé aussi sur les dispositions des capitalistes et des spéculateurs industriels ; ces derniers, en effet, ne se montraient guère empressés à se lancer dans des entreprises dont l'Etat semblait ne vouloir ni prendre à son compte, ni laisser aux Compagnies la mise à exécution. Cette hésitation, au surplus, se manifestait particulièrement à la Chambre des députés, comme nous le verrons ci-après.

Mais peu de temps après, par un brusque revirement, chose assez ordinaire aux habitudes de mobilité et d'entraînement des spéculateurs en général, on vit des sociétés financières se passionner pour telle ou telle entreprise de chemin de fer mal conçue et inexactement appréciée, et ces spéculations irréfléchies se résoudre bientôt en désastreuses liquidations. Ces funestes déceptions, survenues dans les dernières années du gouvernement de Juillet, contribuèrent à jeter encore de la défaveur sur les entreprises des chemins de fer ; les capitaux s'en éloignèrent de nouveau, et ils ne revinrent enfin de cette panique que de 1849 à 1852.

Quoi qu'il en soit, cet état de fluctuation et de tâtonnement entraîna le gouvernement lui-même dans une fausse interprétation de la valeur politique et administrative des voies ferrées, et cette erreur se manifesta longtemps par l'incertitude même de sa détermination, lorsque, pour répondre aux vœux du commerce et de l'industrie, il vint proposer la création de ces chemins. C'est ce que prouvent les variations successives qui se produisirent, depuis 1835 jusqu'à 1840, dans les divers projets que le gouvernement présenta alors à la Chambre des députés.

Notre intention n'est pas d'offrir ici un historique complet et détaillé de toutes les incertitudes que montra le pouvoir en France au début de cette grande question des chemins de fer. Nous ne voulons seulement que rappeler un fait incontestable, savoir : la fâcheuse influence que ces premières hésitations ont trop longtemps exercée sur tous les travaux de ces chemins. Nous nous bornerons à citer à ce sujet ce qui se passa, en 1837 et 1838, dans la Chambre des députés.

Le 8 mai 1837, le gouvernement présenta à cette Chambre des projets de loi pour construire six chemins de fer, qu'il proposait de concéder en partie à l'industrie privée ; car il se réservait la construction entière de plusieurs de ces chemins.

Le ministre des travaux publics, au commencement de l'exposé des motifs, explique ainsi les causes du long intervalle qui sépare la présentation actuelle du projet de chemin de Paris à Rouen et au Havre de celle du premier projet du même chemin :

« Messieurs, dès l'année 1835, le gouvernement avait présenté à la Chambre des députés un projet de loi qui avait pour but d'autoriser l'établissement d'un chemin de fer de Paris à Rouen et au Havre, par Gisors. La Commission chargée de l'examen de ce projet n'a pas fait de rapport à la Chambre ; mais, dans les conférences qui ont eu lieu entre elle et les organes du gouvernement, elle a exprimé l'opinion qu'avant de statuer sur cette importante question, il convenait d'attendre que les études commencées dans la vallée de la Seine fussent terminées, et qu'il fût possible de comparer, en pleine connaissance de cause, les avantages et les inconvénients de chacune des deux directions proposées.

« Or, depuis 1835, l'administration s'était empressée de prendre les mesures nécessaires pour réaliser ce vœu de la Commission de la Chambre des députés, et des études ont été entreprises immédiatement par ses ordres pour la rédaction d'un projet de chemin de fer de Paris à la mer par la vallée de la Seine. »

Le projet de loi portait :

« ART. 1er. Le gouvernement est autorisé à procéder, par la voie de la publicité et de la concurrence, à la concession du chemin de fer de Paris à Rouen et au Havre, conformément aux clauses et conditions du cahier des charges annexé à la présente loi.

« La concession est faite pour quatre-vingt-dix-neuf ans ; le rabais ne portera que sur cette durée.

« ART. 3. Le gouvernement s'engage, pendant le laps de trente années, à dater du jour où le chemin de fer sera terminé et livré à la circulation, à garantir à la Compagnie concessionnaire un minimum d'intérêt de 4 pour 100. »

Cette proposition, on le voit, portait en elle-même la preuve du peu d'homogénéité qui existait à cet égard dans l'opinion des membres du cabinet. En effet, les ministres se trouvaient partagés entre le sentiment public, qui se prononçait pour l'exécution par l'industrie privée, et l'opinion du Conseil d'Etat et de tout le corps des ponts-et-chaussées, qui préféraient et réclamaient avec instance l'exécution par l'Etat. Or, contrairement aux projets ministériels, et après de longues et vives discussions, une forte majorité se forma des députés qui voulaient l'exécution par l'Etat et de ceux qui s'opposaient à toute subvention en faveur des Compagnies ; et la Chambre décida, le 10 juin 1837, qu'il n'y avait pas lieu de délibérer sur ces projets de loi, et ajourna à la session suivante l'examen de la question.

L'année suivante, le 15 février 1838, le gouvernement, cédant à ce vœu de la Chambre, vint lui proposer l'exécution par l'Etat des principaux projets précités. « Le gouvernement, disait le ministre des travaux publics, veut se charger lui-même des chemins de fer, afin de ne pas offrir à l'agiotage, à cette plaie de notre époque, des aliments nouveaux qui lui donneraient la plus déplorable activité et la plus effrayante extension. C'est aussi afin d'avoir la libre disposition des tarifs, et de pouvoir les modifier selon les circonstances ; et parce que l'Etat seul pouvait et devait courir les chances de ces grandes entreprises, qui étaient *si hasardeuses et très-incertaines dans leurs résultats.* »

C'était là, on le voit, de la part du gouvernement, s'exécuter de bonne grâce et faire bon marché de ses précédentes opinions ; car l'exposé des motifs des projets ministériels rappelait, en s'y appuyant, les arguments et les termes mêmes par lesquels l'opposition avait indiqué et imposé au cabinet ce nouveau système, en rejetant la proposition contraire, qui avait été présentée, en 1837, par les mêmes ministres.

Mais, ô fâcheux retour des choses d'ici-bas ! voilà cette même Chambre qui se ravise et qui, sur l'avis de sa Commission, dont le rapport lui fut fait le 24 avril 1838, rejette entièrement les neuf projets ministériels, en se déclarant *pour l'exécution par les Compagnies,* « attendu que le concours de ces Compagnies et l'esprit d'association lui paraissaient utiles et indispensables pour entreprendre les travaux des chemins de fer. »

Terminons cet article par un dernier exemple de cette versatilité d'opinion, de ce système d'étranges contradictions qui dominaient alors les discussions de la Chambre élective, où des orateurs éminents, des savants célèbres et d'anciens ministres montraient encore des doutes et des hésitations, très-préjudiciables à la création des chemins de fer.

Le 26 mai 1838, le ministre des travaux publics disait en présentant le projet du chemin d'Orléans :

« Messieurs, le chemin de fer de Paris à Orléans était au nombre de ceux dont nous avions pensé d'abord qu'il convenait de confier l'exécution à l'Etat. Tel était le but de l'un des articles du projet de loi qui vous a été présenté le 15 février dernier, et auquel vous n'avez pas jugé convenable d'accorder votre assentiment. — Dès l'origine de la discussion du projet de loi, nous avons manifesté l'intention d'abandonner ce chemin aux soins de l'industrie privée ; nous venons aujourd'hui réaliser cette intention. »

Le 16 juin 1838, la discussion s'ouvre sur ce projet, et, au grand étonnement des ministres et de la Chambre elle-même, l'opposition, sans combattre l'objet de cette proposition, exprime ses craintes et méfiances à l'endroit de l'industrie privée, et renouvelle ses vœux pour l'exécution par l'Etat. Un de ses principaux organes, après avoir rappelé les charges que le projet lui paraît imposer aux Compagnies concessionnaires, moins bien traitées, selon lui, en France qu'à l'étranger, s'exprime ainsi :

« Sous le poids d'une telle infériorité de conditions, il est impossible d'admettre pour les chemins de fer français la probabilité, je ne dis pas d'un profit annuel, mais même d'un équilibre, cependant tout au moins indispensable entre les recettes et les dépenses...

« Je le sais, l'esprit français est aventureux, aventureux dans la guerre, et maintenant qu'il ne la fait pas, aventureux pour les entreprises où il porte son imagination et son industrie. Mais cet esprit tout chevaleresque n'est pas le moins du monde industriel ; il n'est même pas politique ; il suffirait à un peuple de gentilshommes et de beaux esprits. Il ne répond pas aux besoins d'une nation qui veut administrer par elle-même les grandes affaires de l'association politique, et les affaires, grandes aussi et compliquées, des associations industrielles. »

Ces paroles et celles qui terminent ce discours sont applaudies par la Chambre. — Alors, sous la pénible impression que lui fait éprouver cet incident, M. le directeur général des ponts-et-chaussées monte à la tribune et adresse aux adversaires du projet cette réponse pleine de sens et d'une irrécusable vérité :

« Je ne puis pas laisser sans réponse des arguments exagérés. La Chambre voudra bien remarquer combien notre position est singulière. (*C'est vrai !*)

« Lorsque nous sommes venus vous proposer, il y a quelques mois, l'exécution de grandes lignes par l'Etat, nous vous avons dit : Il y a beaucoup d'inconnu dans cette question ; tout y échappe à une appréciation certaine, et la dépense et le revenu ; c'est donc à l'Etat à courir les chances de cette grande expérience, au moins pour les grandes lignes : — Vous n'avez pas jugé à propos d'accepter notre proposition.

« Déférant au vœu qui semblait partagé par la majorité de cette Chambre, nous sommes venus vous proposer l'exécution de deux grandes lignes par les Compagnies : et voilà qu'on nous accuse de lancer les Compagnies dans cet inconnu que nous avons signalé, de les exposer aux chances que nous voulions leur éviter, et de les précipiter, pour ainsi dire, dans un abîme. »

Et ce jeu de bascule, aussi dérisoire en lui-même que funeste au bien public, dura encore plusieurs années, sauf quelques exceptions [1]. La loi du 15 juillet 1840 vint trancher enfin la

[1] Entre autres, le vote de la loi du 1er août 1839, relative à une réduction de la concession du chemin de fer d'Orléans. Voir, à ce sujet, l'intéressant ouvrage de M. E.-F. Talin d'Eyzac; Paris, 1854.

question en faveur de l'industrie privée, avec garantie par l'Etat d'un minimum d'intérêt de 4 pour 100 accordé aux Compagnies concessionnaires, à la charge par elles d'employer annuellement 1 pour 100 à l'amortissement de leur capital. Puis, deux ans après, l'importante loi, dite *organique*, du 11 juin 1842, vint fixer le mode d'intervention de l'Etat dans la construction des chemins de fer ; et, depuis lors, ce mode d'exécution mixte a amené successivement les heureux résultats obtenus jusqu'à ce jour, et qui se compléteront dans quelques années par l'achèvement de plusieurs réseaux de chemins qu'il y a encore à terminer sur le territoire français.

Il est à remarquer aussi que toutes ces fluctuations de la pensée du pouvoir, tous ces revirements d'opinion de la Chambre élective, semblaient avoir influé défavorablement sur l'esprit et le talent même de MM. les ingénieurs du corps des ponts-et-chaussées. En effet, la Compagnie d'Orléans, par suite de la loi du 7 juillet 1838, ayant commencé les travaux de l'embranchement sur Corbeil, fut bientôt à même de reconnaître diverses erreurs commises par les ingénieurs de l'Etat, soit dans le relevé des tracés, soit dans l'estimation des dépenses ; et, plus tard, le 10 juin 1839, le ministre des travaux publics déclarait très-explicitement à la tribune de la Chambre des députés « que les devis et les évaluations, demandés par le gouvernement au zèle et aux lumières des ingénieurs de l'Etat, n'avaient pas été faits avec toute l'exactitude et la perfection qu'on avait espéré obtenir. »

Mais nous devons le redire, et il faut reconnaître, pour être juste, que la cause de cette imperfection des premiers travaux ne doit pas être imputée à MM. les ingénieurs seulement. En effet, leur nature sérieuse et positive, la netteté de leur intelligence et de leur instruction, la rectitude de leur esprit, ne pouvaient s'accommoder de toutes ces hésitations du pouvoir, de toutes ces variations parlementaires ; il en résulta une sorte de trouble et d'incertitude inaccoutumés dans les études d'un tracé aux environs de Paris. Il n'en pouvait être autrement, et telle sera toujours la conséquence de toute affaire, de tout projet, quand l'indécision viendra d'en haut.

Doit-on s'étonner, après ce fait qui résume, pour ainsi dire, le tiraillement et les variations qui se produisaient d'un moment à l'autre dans l'opinion de beaucoup d'hommes politiques de cette époque, sur la grande question des chemins de fer ; doit-on s'étonner que cette question d'intérêt universel et de première urgence soit restée dans une sorte de stagnation et presque d'interdit pendant plusieurs années ? N'est-il pas naturel aussi de penser que ces hésitations, ces divergences et revirements d'opinions de la part du gouvernement et de la Chambre des députés aient pu amener les erreurs d'études dont on vient de parler ? Cette considération n'était pas sans fondement ; et, de la part du ministre et du rapporteur de la Commission de la Chambre, il eût été plus juste de le reconnaître à la tribune ; car ils appartenaient, tous les deux, au côté de l'Assemblée où siégeaient aussi d'autres éminents orateurs qui avaient rejeté deux fois, par des motifs diamétralement opposés, les lois présentées en 1837 et 1838 pour l'exécution des premiers chemins de fer. D'ailleurs, il eût été injuste de reporter uniquement sur les ingénieurs de l'Etat la cause des retards et des erreurs que l'on remarque dans quelques études faites sur le tracé d'un embranchement du chemin d'Orléans près de Juvisy. L'opinion publique ne s'y trompa nullement, et chacun parut très-bien comprendre que les luttes parlementaires avaient seules fâcheusement entravé l'application et arrêté le développement de cette grande idée industrielle.

Plus tard, lorsqu'on finit par s'entendre pour concéder ces entreprises et en activer l'exécution, le pouvoir et les Chambres législatives semblaient encore les envisager, trop particulièrement peut-être, au seul point de vue financier; rien n'annonçait, de la part de l'Etat, la pensée d'intérêt politique et gouvernemental qui devait s'attacher, dès ce moment, à exercer une haute influence sur la direction de ces entreprises, et particulièrement sur la construction des débarcadères à Paris et dans les principales villes des départements.

Mais nous examinerons bientôt plus spécialement cette question des gares en général ; pour le moment, essayons de montrer encore l'importance toujours croissante des chemins de fer sous l'action des lois, justement dites *fondamentales*, des 15 juillet 1840 et 11 juin 1842, pour faire ressortir davantage l'influence de ce progrès sur la construction des débarcadères, qui seront ensuite, à leur tour, l'objet de toute notre attention.

(Pour les faits qui précèdent et pour tous autres détails relatifs à la présentation aux Chambres législatives, aux rapports, discussions et votes des divers projets de chemins de fer, nous avons eu recours aux journaux du temps et surtout au *Moniteur universel*, où nous avons lu les intéressantes séances des 27 janvier, 3 et 6 février 1838, p. 168 à 363 ; 26 mai, 6 et 16 juin 1838, p. 1420 à 1892 ; celle du 3 avril 1835, p. 1606 et suiv. ; celles des 8 mai, 19 et 20 juin 1837, p. 1580 à 1601 ; et celles de février et juin 1839, p. 940 à 1265, etc., etc.)

L'expérience faite antérieurement par quelques nations voisines, en démontrant l'indispensable nécessité, pour la France, de se donner aussi des chemins de fer, nous a été fort utile pour en activer et perfectionner la construction sur notre territoire. Mieux encore, leur fonctionnement s'y est bientôt agrandi et même généralisé plus rapidement que chez les nations précitées, en s'appliquant à tous les services publics, dans l'intérêt des Compagnies et du gouvernement.

Ainsi, depuis longtemps, le service de la poste aux lettres ne se fait pas seulement par le simple transport des dépêches serrées dans des sacs confiés aux trains de grande vitesse; des bureaux de poste construits en forme de vagons sont établis sur ces trains ; et ces bureaux, avec leur matériel spécial et leur personnel, sont de véritables succursales de la direction générale des postes, comme le sont les bureaux existant dans chaque quartier de Paris, dans les villes et communes importantes; car, non-seulement les trains directs transportent les dépêches, mais ils sont encore le siége d'un service d'employés de l'administration des postes. Or, c'est là incontestablement une attribution de service officiel, supérieur par son importance et son extension à celui qui était confié aux anciennes malles-postes. Les chemins de fer ont remplacé ainsi, avec un avantage immense pour le même service, des milliers de mauvaises voitures et messageries de toute sorte, de formes lourdes et incommodes, auxquelles l'administration était obligée de recourir pour le transport des dépêches, dans une grande partie des départements.

D'autres avantages d'un ordre encore plus élevé sont assurés au service des chemins de fer.

Ce mode de voyager, là où il existe, est celui dont se sert le souverain, en France et dans tous les autres Etats. Des vagons officiels et même un train de voitures spéciales se trouvent à cet effet dans toutes les gares de la capitale et constamment aux ordres de l'Empereur.

Par ces divers motifs, les chemins de fer doivent être classés aujourd'hui au-dessus des routes impériales. Car ces dernières, partout où elles sont parallèles aux voies ferrées, n'ont plus d'utilité générale, et ne servent guère qu'aux besoins des localités voisines, à peu d'exceptions près. Les relais de poste n'existent même que très-incomplétement sur un grand nombre de ces routes, déshéritées de leurs plus précieux avantages depuis la création des chemins de fer ; et ceux-ci, par une conséquence toute naturelle, voient grandir d'autant plus de jour en jour leur utilité et leurs attributions.

Il est vrai que cette appréciation de l'importance administrative et politique des chemins de fer ne se manifesta pas dès l'abord, comme nous l'avons déjà fait remarquer. Car, lors de l'examen des premiers projets, en 1836, surtout pour ceux *de Paris à Lyon, Avignon et Marseille*, les Conseils généraux et le gouvernement lui-même montrèrent quelque hésitation sur plusieurs points essentiels, entre autres, sur le mode d'exécution de ces chemins, et ces projets en éprouvèrent de bien fâcheux ajournements [1].

Mais si d'autres nations de l'Europe et d'Amérique nous précédèrent de quelques années dans l'adoption du système des voies ferrées, on peut dire aussi que la France, se réunissant, avec son intelligente activité, à ce grand mouvement de progrès, sut bientôt franchir la distance qui la séparait de ses devancières dans l'établissement de ces nouveaux moyens de circulation. Aujourd'hui, notre pays ne le cède à aucun autre, par la judicieuse répartition que le gouvernement a su faire, sur tout le territoire, de ces précieuses voies de communication, par l'excellente et admirable confection des travaux d'art qu'elles ont nécessités, par la solidité et le confortable de tout le matériel d'exploitation. En outre, dans aucun établissement de service public ou privé, on ne trouve réunis, à un plus haut degré que chez les administrateurs et directeurs de nos chemins de fer, l'honorabilité de caractère, la connaissance des affaires de toute nature, l'esprit de justice et de bienveillance pour tous, et un plus attentif dévouement aux nombreux intérêts confiés à leur vigilance et à leur probité. Ajoutons aussi qu'aucun autre personnel d'employés supérieurs et d'agents divers ne se distingue plus que le personnel des lignes de chemins de fer, par les soins, l'activité et la plus grande politesse dans les détails du service.

Enfin, nous croyons qu'on peut citer comme modèle, sous tous les rapports, l'excellente organisation de chacune de ces grandes Compagnies industrielles que dirigent, à la satisfaction unanime de leurs actionnaires, d'anciens fonctionnaires de l'Etat d'une capacité éprouvée, de puissants capitalistes entourés de l'estime publique, et d'habiles ingénieurs des ponts-et-chaussées.

Des faits importants viennent prouver chaque jour l'estime dont jouissent, chez les autres nations, les ingénieurs et architectes français, et les administrations de nos chemins de fer. On sait que plusieurs grandes Compagnies étrangères, récemment formées en Russie, en Autriche, en Espagne et ailleurs, sont venues chercher en France d'habiles directeurs des travaux

---

[1] On verra plus loin comment nous nous exprimions à ce sujet, dans le département de Vaucluse, en 1838 et 1839, à l'occasion du projet des chemins *de Paris à Marseille*, sur lequel une enquête s'ouvrit, à cette époque, dans plusieurs départements du Midi.

de confection des lignes à créer dans les pays précités, et des chefs expérimentés pour en organiser et diriger le service administratif.

Nous sommes heureux de rappeler ici ce fait qui honore la France elle-même en la personne de ceux de ses dignes enfants dont l'étranger vient lui emprunter le concours.

En résumé, sur ce premier point, concernant l'importance toujours croissante des chemins de fer en France et dans les autres contrées du monde, il nous paraît évidemment démontré par les faits que ces chemins ne sont pas seulement de belles et fructueuses entreprises industrielles, mais qu'ils sont aussi des établissements d'intérêt universel, les plus actifs et les plus efficaces agents de civilisation, de progrès, de relations amicales entre tous les peuples ; et que, partout où ils existent, ils constituent un service officiel et gouvernemental de premier ordre. D'où il résulte naturellement que, là où ils sont encore à établir, la nécessité et l'urgence de cette création se font ardemment sentir, non-seulement aux populations impatientes, mais aussi aux gouvernements eux-mêmes, plus intéressés que personne à la construction de ces chemins.

On verra ci-après combien les voies ferrées, si utiles en temps de paix à tous les intérêts commerciaux et industriels, deviennent de puissants auxiliaires pour les gouvernements en temps de guerre. Récemment, la campagne de Crimée nous a offert un mémorable exemple des mécomptes qui résultèrent, pour la Russie, de l'absence des chemins de fer entre le centre de l'empire et la province attaquée ; tandis que ce qui se passe aujourd'hui (en mai 1859) montre combien la France peut se féliciter de l'existence des chemins de Paris à la Méditerranée, et à nos frontières de l'est et du nord.

Maintenant, arrivons aux considérations relatives à la question des débarcadères que nous nous sommes proposé d'examiner plus spécialement en ce mémoire.

Comme on le verra dans le cours de cet exposé, les premiers travaux exécutés par l'Etat ou par les Compagnies pour la construction des gares, à Paris, semblent indiquer que l'on entendait se borner à élever de simples bâtiments d'exploitation, en ne donnant qu'une faible place à la question de style et d'art architectural. Il est vrai que l'Etat revint bientôt de ce système, et l'on vit ce retour à d'autres idées se manifester honorablement par la construction de plusieurs débarcadères, à Paris et ailleurs. Cette heureuse transition se traduisit, dans la capitale (de 1849 à 1852), par deux exemples remarquables : la gare du chemin de l'Est et celle du Montparnasse (chemin de l'Ouest). L'Etat montra alors sa haute appréciation de l'importance qu'avaient acquise les voies ferrées ; car ces deux gares sont de beaux monuments d'architecture d'un genre neuf et élégant, et qui, sauf l'insuffisance de leur périmètre et quelques détails dont nous parlerons plus loin, peuvent encore être cités au premier rang des édifices de ce genre.

De plus, en nous reportant à l'époque de la création des chemins de fer en France, nous reconnaîtrons que les lenteurs et les hésitations du gouvernement durent influer, par une conséquence toute naturelle, sur la forme et les distributions intérieures des gares de ces chemins, à Paris surtout. Les voies ferrées n'étant considérées alors que comme des moyens de voyager et un mode de transport plus expéditif que le vieux système des malles-postes, messageries et roulages, employés jusqu'à ce jour, il en est résulté que les gares ont été construites surtout en vue de cette destination, et comme de simples bâtiments d'exploitation d'une industrie toute mercantile. L'Etat et les Compagnies concessionnaires ont été, à cet égard, sous l'influence d'une force d'urgence et de nécessité immédiate de service, qui eurent un résultat fâcheux sous un autre rapport, comme on va le voir. En effet, les gares n'étant regardées alors que comme les points aboutissants des voies ferrées et comme de vastes hangars ou abris de passage pour les voyageurs, et bâtiments de dépôt pour le matériel de l'exploitation, on ne voulut les construire qu'en raison de leur affectation toute commerciale et purement transitoire, pour ainsi dire. L'Etat et les Compagnies ne se sont donc pas beaucoup préoccupés de l'apparence extérieure à donner aux premiers débarcadères, à Paris et ailleurs, et de l'effet architectural que ces édifices devaient produire. Cet oubli se montre particulièrement dans l'aspect des bâtiments de face de la gare du chemin de Lyon, sur le boulevard Mazas, et dans les débarcadères des chemins de l'Ouest, rue Saint-Lazare, et du chemin d'Orléans, boulevard de l'Hôpital. — Il est juste toutefois de reconnaître que les chemins de fer étant d'une institution toute nouvelle, la construction des bâtiments servant à leur exploitation ne trouvait aucune analogie parfaite dans les édifices affectés à des usines alors existantes. Ces constructions étaient donc, en France, sans précédents ni modèles en architecture, de même que les chemins de fer étaient une invention contemporaine, à laquelle on ne pouvait exactement comparer aucune autre entreprise des temps antérieurs.

Quelques observations que nous allons présenter, d'abord sur les gares de Paris, vont faire pressentir et appuieront aussi, nous l'espérons, les conclusions que nous aurons ensuite à tirer de l'état actuel des choses : à savoir, qu'il y a lieu de reconstruire, au moins, les façades de presque tous ces édifices, d'agrandir leurs périmètres et d'augmenter leurs distributions intérieures. Car, dans notre opinion, les façades et les corps principaux de bâtiments de ces débarcadères auraient dû prendre rang parmi les constructions monumentales qui décorent la ville de Paris. Nous aurions voulu les voir présenter à l'admiration publique l'aspect d'œuvres grandioses, d'un caractère spécial et d'une signification saisissante, même pour le spectateur le moins éclairé ; nous voudrions y trouver, enfin, quelque chose comme de beaux arcs-de-triomphe élevés au génie de l'invention, et glorifiant avec une éclatante évidence la magnifique découverte qui a doté le monde des inappréciables bienfaits de la vapeur, dont les chemins de fer sont la plus utile et la plus admirable application.

Loin de là, il faut bien le reconnaître, la plupart de ces débarcadères offrent le résultat opposé à celui que réclament nos vœux.

Toutefois, et nous aimons à le redire ici, les gares le plus récemment construites à Paris, celles du Montparnasse (chemin de l'Ouest) et celle du chemin de l'Est, sont remarquables par leur architecture et leurs bonnes distributions intérieures pour toutes les parties du service, sauf, en ce qui concerne cette dernière, quelques inconvénients dont on a parlé plus haut. Nous nous félicitons d'avoir, sur ce point, à rendre hommage et justice à qui de droit, c'est-à-dire à l'Etat, et à ses ingénieurs et architectes.

Maintenant, en vue des observations générales que nous nous hasarderons à présenter ci-après, au sujet de la construction des gares de chemins de fer, examinons l'état actuel de ces établissements à Paris et dans quelques villes principales des départements, pour y trouver, s'il est possible, quelques arguments en faveur de nos propositions.

CHAPITRE II.

GARES DE PARIS.

Gare du chemin de fer de l'Est.

La gare du chemin de l'Est, construite par l'Etat, est d'une architecture imposante au dehors et d'une élégante solidité à l'intérieur. « Cette gare terminale des chemins de l'Est, à Paris, dit M. l'ingénieur Perdonnet, offre l'exemple le plus saillant de cette architecture des chemins de fer.

« Il était à regretter que les voitures ne pussent pas accéder sous la colonnade pour y débarquer et embarquer les voyageurs à l'abri ; mais l'ouverture du boulevard de Sébastopol ayant nécessité l'établissement d'un perron, cette faculté leur eût été, dans tous les cas, interdite.

« Les chapiteaux des colonnes sont ornés de sculptures reproduisant les différents produits agricoles cultivés sur le parcours de la ligne. Cette décoration originale n'est pas d'un mauvais effet. Au-dessus des colonnes, entre les retombées, l'architecte a placé les armes des différentes villes desservies par le chemin. L'horloge est d'une grande élégance ; elle sert d'appui à deux gracieuses statues à demi couchées, la Seine et le Rhin, dont les artistes s'accordent à faire l'éloge. Au sommet du fronton est assise la ville de Strasbourg, dans une chaise curule. La rosace en fer et en verre qui forme le grand arc en pierre terminant la halle est d'un dessin remarquable ; et, placée à quelques mètres en arrière de la colonnade qu'elle surmonte, elle produit l'effet le plus heureux. A droite et à gauche, enfin, s'élèvent deux pavillons en saillie, dont la façade est dans le même plan que celle du péristyle[1]. »

Cette description est parfaitement exacte et sagement louangeuse pour divers détails de la gare de l'Est.

Mais, on doit le dire, néanmoins, quelques observations critiques ont été faites sur plusieurs parties, un peu disparates entre elles, de la façade de cet édifice, et spécialement sur ses dispositions intérieures. Sous ce dernier rapport, il n'est que trop vrai qu'il y a quelque chose à faire pour la commodité des divers services de l'administration et de l'exploitation. Malheureusement, on peut le dire aussi, la belle construction de cette gare, resserrée, en outre, sur ses flancs par des obstacles sérieux, est une difficulté de plus pour l'exécution des agrandissements et améliorations nécessaires. Espérons que le talent de MM. les ingénieurs trouvera le moyen de remédier à tous ces inconvénients et de pourvoir complétement au besoin du service et aux exigences nouvelles que fera naître encore naturellement, pour cette gare,

---

[1] *Traité élémentaire des chemins de fer*, t. II, p. 112. Paris, 1856.

l'adjonction certaine, au chemin de l'Est, de plusieurs embranchements de voies ferrées, aujourd'hui en voie de construction.

Quoi qu'il en soit des observations qui précèdent, il est incontestable que cette gare de l'Est est une belle œuvre d'architecture, et qu'on la regarde comme le monument le plus remarquable de ce genre qui ait été construit à Paris.

Gare du chemin de fer de Lyon.

La gare du chemin de Lyon, située boulevard Mazas, est une de celles qui réunissent les meilleures conditions intérieures pour le service d'exploitation, le plus de commodité dans la disposition des locaux destinés aux ateliers de travail, au magasinage et au garage de tout le matériel de l'entreprise, et au placement des bureaux de l'administration. Toutes ces constructions ont été faites à grands frais sur un terrain qui présentait certaines difficultés à vaincre, par son inégalité d'élévation avec les rues environnantes, et surtout par la nature du sol, qui est exposé, sur le côté principal, à être atteint par les inondations de la Seine. Tous ces travaux ont donc coûté, outre des sommes considérables, nécessitées par leur exécution, beaucoup d'efforts et d'études préliminaires de la part des hommes de l'art qui furent chargés de cette opération.

Il y a certainement dans cette partie de leur œuvre le mérite de la difficulté vaincue et des résultats utiles complétement obtenus. Mais peut-on comprendre dans ce juste éloge la partie extérieure de ce débarcadère, donnant sur le boulevard Mazas, et le corps de bâtiment qui se prolonge vers la rue de Bercy?

Il est indispensable que l'Etat et la Compagnie du chemin de Lyon se concertent pour donner à cette gare une autre façade principale, qui pourrait être reportée en regard de a rue de Lyon, dont la ville de Paris viendrait encourager l'achèvement pour compléter l'embellissement de ce quartier. Les administrateurs d'un des plus riches et plus prospères établissement industriels de France voudront, sans aucun doute, concourir ainsi, avec le Conseil municipal et l'Etat, à l'ornementation de la capitale de l'empire, et, par une magnifique réédification de la façade de cette gare, ajouter un nouveau fleuron à la couronne monumentale de la grande cité.

Tel est le vœu que nous inspirent aujourd'hui nos anciennes et profondes convictions sur l'immense utilité du chemin de fer *de Paris à Lyon et à la Méditerranée*, et sur l'illimitable avenir réservé à ce beau tronçon de la ligne internationale de Londres aux Grandes-Indes. En effet, à l'époque où commençait l'instruction administrative qui précéda la création des chemins de fer dans le midi de la France, nous fûmes heureux de pouvoir, comme fonctionnaire dans le département de Vaucluse, manifester une active sympathie pour cette œuvre de progrès et de civilisation.

Voici ce que nous disions en 1836 au Conseil-d'arrondissement d'Orange (Vaucluse), appelé à exprimer ses vœux sur le projet d'un chemin de fer de Paris à Lyon, et, plus tard, de Lyon à Marseille :

« J'ai l'honneur de mettre sous vos yeux le plan du chemin de fer projeté entre *Lyon et*

Marseille, ainsi que le mémoire rédigé à l'appui de ce plan. Je croirais faire injure à vos lumières et à votre patriotisme, en cherchant à énumérer ici tous les avantages qui résulteront, pour le pays, de l'établissement de ce chemin, d'après le tracé marqué par la ligne rouge et passant sur la rive gauche du Rhône, tracé qui fixe naturellement dans la vallée du Rhône le passage d'une ligne de grande communication, par la vapeur, entre *Londres, Paris et Calcutta.* Le rapprochement de ces trois noms dit assez haut quels puissants intérêts matériels et politiques se rattachent à la construction de ce chemin, et peuvent lui assurer, par le concours de toutes les populations intéressées à cette grande entreprise, une efficace combinaison de moyens d'exécution. Il serait digne des deux grandes nations qui marchent à la tête de la civilisation européenne de donner au monde ce noble exemple d'une alliance industrielle éminemment utile aux deux pays. La France et l'Angleterre ne pourraient-elles s'unir ici, avec les autres nations intermédiaires, l'Egypte surtout, pour l'exécution d'un projet dont la conception est déjà une preuve de la possibilité d'un système général de grande communication entre les peuples que doivent rapprocher des intérêts et des sympathies réciproques. Vous vous empresserez donc, j'en ai l'assurance, de donner votre adhésion à l'établissement du chemin de fer projeté entre *Lyon et Marseille.* »

(Extrait du rapport du sous-préfet d'Orange, du 21 juillet 1836.)

En 1838 et 1839, nous nous exprimions omme il suit, sur les mêmes questions, toujours pendantes devant les Chambres législatives, et qui venaient d'être encore soumises à l'examen des Conseils généraux de Vaucluse et autres départements intéressés :

« Dans votre session de 1836, nous avions appelé votre attention particulière sur le projet d'un chemin de fer entre *Lyon et Marseille.*

« Nous avions surtout fait ressortir à vos yeux l'importance du tracé de ce chemin sur la rive gauche du Rhône, tracé, disions-nous, qui fixe naturellement dans la vallée du Rhône le passage d'une ligne de grande communication entre *Londres, Paris, l'Egypte et l'Inde.* Nous trouvions dans le rapprochement de ces noms l'expression des intérêts matériels et politiques qui devaient assurer à cette immense entreprise une efficace combinaison de moyens d'exécution. Nous pensions alors, messieurs, qu'il était digne des deux grandes nations qui marchent à la tête de la civilisation européenne de donner au monde le noble exemple d'une alliance industrielle éminemment utile aux deux pays. La France et l'Angleterre devaient, selon nos vœux, s'unir à une autre nation intéressée à cette grande œuvre d'amélioration universelle, pour coopérer à l'exécution du projet d'une continuité de chemins de fer et de navigation à la vapeur, tendant de Londres aux Indes Orientales, et passant par la France, la Méditerranée et l'Egypte.

« Cette pensée, messieurs, honorée de votre appui, a été moins bien accueillie, et même a pu exciter quelques sourires, vous le savez, au sein d'une autre Assemblée; mais, depuis 1836, les idées, aussi bien que le temps, ont rapidement marché. Aujourd'hui, on a compris ailleurs, non pas seulement la justesse de cette pensée d'une ligne de communication telle que nous avions cru l'apercevoir, mais encore la nécessité d'une prompte confection de ce projet. Les documents que j'ai l'honneur de mettre sous vos yeux vous prouvent que cette question est examinée en ce moment par les publicistes les plus renommés en Angleterre. Ces documents authentiques vous montrent aussi que cette idée, si simple, si naturelle, d'une communication entre l'Inde et la Méditerranée, par la mer Rouge et l'Egypte, a déjà pris cours à Bombay même, et y a acquis un grand développement. Comme vous le remarquerez, il s'est formé en cette ville une Compagnie dite *de la Navigation à vapeur dans les Indes.* On s'y occupe déjà des dispositions à prendre pour faciliter le passage des voyageurs à travers l'Egypte. Bientôt, de rapides communications s'établiront ainsi de l'isthme de Suez au Caire et à Alexandrie. Tels sont les faits, messieurs ; tel est déjà le premier fruit de cette pensée féconde, à laquelle vous vous étiez associés ; elle nous revient aujourd'hui du fond du golfe d'Oman, sortie de la condition d'utopie ; vous la retrouvez sous la forme d'un fait accompli, d'un exemple à imiter.

« Ainsi, il est évident que, par l'établissement de ces diverses lignes de communication, le trajet de Londres à Bombay et ensuite à Calcutta serait de trente à quarante jours seulement, à toutes les saisons ; tandis que ce voyage, dans l'état actuel des choses, et au moyen des bâtiments à voiles, doublant le cap de Bonne-Espérance, est de quatre à cinq mois dans la meilleure saison de l'année [1].

« Maintenant, quel rôle se réserve l'Europe dans ce grand acte de civilisation ? Restera-t-elle impassible spectatrice des tentatives faites en ce moment par les Compagnies de la navigation à la vapeur de l'Inde ? Non, messieurs, et, sans aucun doute, l'Europe comprendra qu'il est de sa dignité de marcher au moins sur de pareilles traces, et de former, de son côté, les embranchements qui doivent relier cette ligne de communication européenne avec l'Afrique et l'Asie. Sans aucun doute, messieurs, la France et l'Angleterre, les premières, sentiront la nécessité qu'il y a pour elles de ne point rester en arrière des efforts tentés en ce moment au point de départ, du côté de l'Asie, de cette voie de communication internationale. Des intérêts communs de toute nature unissent aujourd'hui les deux nations, et de récentes manifestations publiques ont énergiquement attesté cette union aux yeux de l'Europe. Dans la question importante qui nous occupe ici, une commune coopération des deux nations amies serait une nouvelle démonstration, plus significative encore, d'une alliance conçue et contractée surtout dans

[1] En effet, l'établissement d'un chemin de fer traversant l'isthme de Suez permettrait de se rendre de Paris aux Indes dans 30 jours au plus.

En ce moment (décembre 1838 et juillet 1839), le trajet de Londres à l'Inde s'accomplit dans 46 jours :

De Douvres à Marseille. . . . . 4 jours.
De Marseille à Alexandrie. . . . . 13 —
D'Alexandrie à Suez. . . . . 4 —
De Suez à Bombay. . . . . 25 —
                                                   Total. . . . . 46 —

Si le trajet de Marseille à Alexandrie était direct, il pourrait être réduit à. . . . 10 jours.
Celui d'Alexandrie à Suez par un chemin de fer, à.. . . . . 1 —
Celui de Bombay, par un service régulier de bateaux à vapeur, à. . . . . 15 —
Ce qui ferait qu'on pourrait se rendre de Douvres à Bombay en.. . . . . 30 —

Or, pour les bâtiments à voiles, passant par le cap de Bonne-Espérance, c'est aujourd'hui un voyage de quatre ou cinq mois, si la traversée est heureuse (*V. les journaux et revues de 1838 et 1839*).

l'intérêt de la civilisation. En effet, outre le grave motif de la rapidité des relations commerciales dans un siècle où la valeur du temps est si haut appréciée, de puissantes considérations d'un autre ordre appellent l'attention et les efforts communs de la France et de l'Angleterre, de cette dernière surtout, sur la nécessité d'ouvrir le plus tôt possible cette ligne de communication. Qu'il nous suffise de reporter nos regards sur cette partie du continent européen située au fond de la mer Adriatique. Qu'il nous suffise de faire remarquer les progrès de tout genre qui tendent à établir à Trieste, déjà la ville la plus commerçante d'une grande monarchie allemande, le point central des relations maritimes du nord de l'Europe avec les ports de l'Egypte et le continent asiatique. Vous savez que déjà une *Compagnie de la navigation à la vapeur* a organisé un service régulier entre Trieste et les ports de la Dalmatie, des Etats Romains, du royaume de Naples, de la Grèce et du Levant, jusqu'à Alexandrie. De hauts et puissants encouragements politiques et financiers [1] soutiennent et poussent cette grande entreprise, dont le succès peut devenir chaque jour plus progressif. Inutile de faire ressortir l'importance de cette ligne de navigation à la vapeur qui, un jour, pourrait faire de Trieste le point central d'un rayonnement de chemins de fer à travers les divers Etats de la Confédération germanique jusqu'à la mer Baltique. Ce dernier nom fixe la pensée sur les résultats de l'achèvement, de ce côté, d'une pareille ligne de communication, évidemment rivale de celle qui passerait par la vallée du Rhône. Ici, encore une fois, les noms sont trop significatifs pour qu'il soit nécessaire d'en développer le sens. Chacun de vous a senti, comme nous l'avions dit depuis 1836, combien sont sérieusement en jeu, en cette question, les intérêts de la France et de l'Angleterre. Nous devons penser que déjà vous avez apprécié, à toute leur valeur, les puissants motifs d'une alliance industrielle entre les deux peuples, pour la prompte exécution de cette ligne de chemin de fer et de navigation à la vapeur : *de Londres aux Grandes-Indes*, par Paris, Lyon, Marseille, la Méditerranée, Alexandrie, Suez, la mer Rouge et le golfe d'Oman. Le chemin de Paris à Bruxelles en serait un embranchement nécessaire.

« Le chemin *de Marseille à Avignon* sera le point de départ, au midi de l'Europe, et en même temps le centre de cette voie de communication entre trois parties du monde. La France doit à sa dignité et à son intérêt bien entendu de donner l'impulsion à cette grande entreprise qui, entre autres avantages, assurerait aussi à la civilisation la conquête de l'Egypte. Hâtons-nous de dire, messieurs, que la première ville maritime de France, Marseille, a compris en cette occasion la gloire et les vrais intérêts du pays ; ses généreux enfants réclament avec instance l'honneur de donner encore cet exemple de patriotisme et de haute intelligence. Un projet d'association est élaboré, et il ne manque à la Compagnie qui va se présenter que l'appui de l'Etat pour réaliser cette belle conception.

« Dans cet état de choses, messieurs, il nous paraît opportun que vous réclamiez l'intervention du Conseil général dont l'avis favorable, sans aucun doute, viendra prêter un utile appui à la demande de la ville de Marseille. Vous vous rappelez les causes qui ont empêché, dans la dernière sess in des Chambres législatives, l'adoption du projet présenté par le gouvernement. Sans discuter les motifs qui déterminèrent alors, avec justice, la pensée de la haute Administration, le Conseil général pourrait examiner si certaines circonstances survenues depuis 1839, et l'urgence d'une prompte exécution du chemin *de Marseille à Avignon*, ne

[1] M. le prince de Metternich et la maison Rothschild.

rendent point aujourd'hui susceptible de modification, le vœu émis, l'année dernière, par ce Conseil sur le mode d'*exécution de ce chemin par le gouvernement*.

« Le Conseil général ne pourrait-il réclamer la bienveillance de l'Administration centrale, sur l'intention manifestée par les habitants de Marseille de tenter, par eux-mêmes, l'exécution de ce projet? Le Conseil général ne pourrait-il, par exemple, solliciter en leur faveur un bienfait qui serait décisif pour le succès de l'entreprise et moins hasardeux, peut-être, pour l'Etat lui-même, que tout autre mode d'intervention de sa part dans ces travaux, celui d'accorder, aux entrepreneurs et actionnaires, *la garantie d'un minimum de revenu*, sous toutes conditions et réserves convenables faites par l'Etat, dans l'intérêt du Trésor ? Il vous suffit, messieurs, de formuler ce simple vœu, dont le Conseil général appréciera l'intention toute patriotique, inspirée par le sentiment des vrais intérêts et des droits de l'Etat. Il est évident, en effet, et nous l'entendons formellement ainsi, que le cas arrivant, cette garantie d'un *minimum d'intérêt* assure aussi au gouvernement le droit d'intervenir, par ses agents supérieurs, dans l'exécution des travaux. Cette coopération toute conforme à la dignité du gouvernement, si empressé de protéger et d'encourager les entreprises utiles au pays, deviendrait le lien d'une alliance précieuse entre l'Etat et l'industrie privée, et dont cette dernière devra surtout se féliciter.

« Nous devons l'espérer, une pareille alliance serait comprise de l'Angleterre, dont la politique et l'industrie assureraient à ce projet une efficace combinaison de moyens d'exécution.

« C'est à la sagesse du Conseil général à décider si ce vœu peut donner lieu à un nouvel examen de la question, et à une modification de l'opinion précédemment émise, par lui, sur le mode d'exécution du chemin de fer de Lyon à Marseille, dans l'intérêt actuel de la prompte confection du chemin *de Marseille à Avignon* : projet qui, combiné avec l'amélioration annoncée de la navigation du Rhône, serait déjà d'un immense résultat pour tout le pays situé entre Marseille et Lyon.

« Ainsi, vous le voyez, messieurs, de hautes considérations politiques, d'incontestables motifs d'utilité commerciale de premier ordre se rattachent à l'exécution de ce chemin. A l'intérêt de la ville de Marseille se joignent ceux de toute la partie du Midi qui sera traversée par cette ligne de communication, et l'avantage de concourir à resserrer encore les bonnes relations déjà établies entre deux grands peuples, unis dans l'intérêt de la paix et de la civilisation universelle.

« Je viens donc avec la même confiance, messieurs, vous prier d'exprimer encore instamment, cette année, au Conseil général, un vœu favorable sur cette question d'utilité internationale, et particulièrement sur l'urgence de lui donner un commencement de solution, un premier élan, par l'exécution du chemin de fer de Marseille à Avignon ; laissant, d'ailleurs, à la sagesse du gouvernement le soin de choisir tel mode d'exécution qui lui paraîtra le plus convenable pour atteindre le but désiré. »

(Extrait du rapport du sous-préfet d'Orange au Conseil d'arrondissement, du 4 août 1838.)

L'année suivante, je disais au même Conseil :

« Je vous prierai, messieurs, de renouveler les vœux que vous émettez, depuis plusieurs années, sur le projet du chemin de fer *de Marseille à Avignon*, comme point intermédiaire de la grande ligne du chemin de fer et des communications par la vapeur entre *Londres*, *Paris*, *Marseille et les Grandes-Indes*. Toute la vallée du Rhône est particulièrement intéressée à ce vaste projet, auquel se rattachent d'immenses intérêts politiques et commerciaux. Vous vous rappelez, peut-être, les considérations que j'ai eu l'honneur de vous soumettre à l'appui de ce projet, dans vos précédentes sessions. Les événements politiques et de nouveaux faits accomplis sont venus donner encore quelque force à ces considérations. Vous vous rappelez surtout nos pressentiments sur l'exécution prochaine de la ligne rivale de la vallée du Rhône, de cette ligne dont le point central était l'importante ville de Trieste, et qui devait se prolonger de ce point, au midi, par le golfe Adriatique et la Méditerranée, et, au nord, par une suite de chemins de fer, jusqu'à la mer Baltique. Aujourd'hui, ces pressentiments se sont réalisés en partie. Ainsi, la demande de faire construire un chemin de fer *de Vienne à Trieste* a été accueillie par le gouvernement autrichien, qui encourage également la construction d'autres chemins de fer d'embranchement dans les Etats de l'empire, entre autres le chemin *de Vienne à Raab*. Ce gouvernement a déjà approuvé les statuts de la Compagnie qui entreprend le chemin *de Venise à Milan*, si menaçant pour le commerce de Marseille ; car ce chemin aurait un embranchement sur Trieste, qui serait alors le port préféré par le transit de la Suisse et de l'Allemagne. Cet état de choses a déjà vivement excité les inquiétudes de la ville de Marseille.

« Sur d'autres points des Etats du Nord, des projets de chemin de fer sont en cours d'exécution, ou arrêtés en principe. En Prusse, ces projets sont la grande préoccupation du moment ; celui *de Berlin en Saxe* est décidé. Les plus grands propriétaires coopèrent à son exécution, et on souscrit avec empressement.

« Le gouvernement prussien, représenté par la Compagnie du *Commerce maritime* est prêt à fournir tout ce qui manquerait à la somme nécessaire pour les travaux.

« Déjà, deux ou trois mille ouvriers sont occupés à ces travaux qui marchent avec une grande rapidité. Un autre projet de chemin *de Berlin à Stettin* est examiné en ce moment. Les sommes nécessaires sont même déjà réalisées en grande partie. Plusieurs chemins d'embranchement se poursuivent encore dans les différents Etats d'Allemagne. Tous devront se relier à la grande ligne *de Trieste à la mer Baltique*.

(Tous ces chemins sont aujourd'hui terminés, et leur fonctionnement, par ses immenses résultats, justifie en grande partie les prévisions et les craintes que nous exprimons ici. On peut lire, à cet égard, les intéressants détails que donne, sur les divers chemins de fer allemands, l'ouvrage précité de M. Perdonnet, Ier vol., p. 210 et suiv.)

« Vous persisterez donc, messieurs, dans les vœux que vous avez émis sur cet important objet ; vous prierez le Conseil général d'intervenir encore pour réclamer au moins et hâter, s'il se peut, la prompte confection du chemin de Marseille à Avignon ; car, permettez-moi de le redire, ce projet, combiné avec l'amélioration de la navigation du Rhône, serait déjà d'un immense résultat pour tout le pays situé entre Lyon et Marseille, et qui renferme ou avoisine la plupart des villes les plus considérables du Midi. »

(Extrait du rapport du sous-préfet d'Orange, du 21 juillet 1839.)

Le Conseil d'arrondissement d'Orange appuya instamment de ses vœux ces rapports du sous-préfet.

Le Conseil général de Vaucluse prit aussi des délibérations assez favorables à cette proposition ; mais il le fit en termes assez peu significatifs, et sans y mettre cette insistance persévérante qui pouvait rendre efficace son concours au désir unanime des populations du Midi. Car, il faut bien le dire, les hésitations du gouvernement, et même certaines considérations politiques et ministérielles, qui avaient évidemment contribué à maintenir les incertitudes des chefs du pouvoir sur cette question ; toutes ces causes diverses d'indécision et même d'indifférence se manifestèrent, avec leur importance relative, au sein des Conseils généraux. Là se trouvaient, en effet, des hommes considérables qui avaient pris part aux votes, souvent contradictoires, entre eux, de la Chambre des députés ; et leur influence dictait, en partie, les pâles délibérations énoncées ci-dessus, qui n'exprimaient qu'incomplétement les vœux des habitants de Vaucluse et surtout de l'arrondissement d'Orange, où la question du chemin de fer trouva toujours de chaleureux défenseurs.

Gare du chemin de fer du Nord.

Nous aurions eu de nombreuses observations à présenter sur cette gare, dont la façade et les corps de bâtiments latéraux forment un ensemble de constructions sans grandeur ni élégance architectoniques. Nous aurions exprimé aussi le vœu que quelques modifications fussent portées aux abords de cet important débarcadère, autour duquel la circulation ne pourra que s'accroître encore de jour en jour.

Mais on sait maintenant que la Compagnie du chemin de fer du Nord a reconnu la nécessité de reconstruire cette gare, et que l'Administration municipale a résolu également de remanier les alignements des rues adjacentes, et de créer même des voies nouvelles en face du monument que la Compagnie se propose d'élever en remplacement de la gare actuelle. Un projet est arrêté, dit-on, dans ce double but, entre l'édilité parisienne et la Compagnie du chemin du Nord. Nos désirs, sous ce rapport, sont donc en voie d'accomplissement, et nous ne pouvons que prier MM. les administrateurs de ce chemin de vouloir bien jeter les yeux sur les conclusions de notre présent Mémoire, relatives à la construction des gares en général.

En ce qui concerne les abords et alignements nouveaux à former autour de cette gare, il est bien à désirer que le Conseil d'administration du chemin de fer du Nord prenne l'initiative d'une proposition tendant à obtenir la concession de ces travaux. La création, dans ce but, d'une Société bâtimentale, agissant sous les auspices de l'autorité préfectorale et sous la présidence de l'honorable président du susdit Conseil d'administration, serait d'un excellent exemple pour les capitalistes et d'un heureux effet pour l'exécution des projets d'embellissement arrêtés par la ville de Paris. La Compagnie du chemin de fer du Nord et son digne président auraient rendu ainsi un grand service à la population parisienne, en contribuant à doter la capitale d'une utile et brillante amélioration.

Gare du chemin de fer d'Orléans.

La gare du chemin de fer d'Orléans, une des premières qui aient été construites à Paris, s'est naturellement ressentie de l'espèce d'hésitation qui devait marquer les débuts de nos ingénieurs et architectes, dans cette nouvelle carrière ouverte à leur art et à leur talent.

Les dispositions intérieures de cette gare sont très-bien conçues pour le service de l'exploitation, et le coup d'œil général en est satisfaisant, quoique la *marquise* n'offre pas la hardiesse et l'élégance qu'on a données, depuis lors, à d'autres ouvrages de même nature construits à Paris et ailleurs.

Mais l'architecture extérieure de cet édifice, sur toutes ses faces, n'a pas la distinction et l'ampleur que réclament aujourd'hui la haute position de la Compagnie d'Orléans et l'immense exploitation de cette florissante entreprise. La façade principale de la gare n'est pas d'un beau caractère architectonique, et le style du fronton qui en forme le centre est d'une trop grande simplicité.

Les bâtiments affectés aux divers services administratifs sont d'une construction trop modeste et qui ne se raccorde pas, d'ailleurs, avec le corps principal de ce débarcadère, du côté de la cour de départ.

C'est, en définitive, une façade et quelques bâtiments à refaire; et, quand le moment en sera venu, la Compagnie d'Orléans voudra certainement que la gare de cette importante voie ferrée soit digne de sa destination et devienne aussi un des beaux monuments de Paris.

Gares du chemin de fer de l'Ouest.

La gare principale du chemin de l'Ouest, située place du Havre, avec dépendances sur la rue d'Amsterdam, se compose des bâtiments d'exploitation de plusieurs lignes qui partent de ce point pour se bifurquer à peu de distance de Paris et prendre ensuite différentes directions. Cette gare, dont la destination est aujourd'hui multiple, sert à l'exploitation de quatre lignes de chemins de fer de courtes dimensions, savoir : celles de Saint-Germain, de Versailles, d'Argenteuil et d'Auteuil; et à deux grandes lignes, celles de Paris au Havre, et de Paris aux autres villes de l'Ouest, directions de Normandie et de Bretagne. C'est la première gare qui ait été construite à Paris; et, au fur et à mesure de l'extension que prenaient les lignes de l'Ouest, ce débarcadère général a reçu successivement de nombreux agrandissements, surtout en bâtiments affectés à la circulation des voyageurs, au logement des bureaux et de l'Administration centrale de ce chemin de fer.

Cette gare a donc été construite à diverses époques et par plusieurs Compagnies, ce qui explique la dissonance qui existe entre ces constructions et le manque d'ensemble et d'élégance qu'offre l'aspect général de ce bâtiment.

Toutefois, il faut le reconnaître également, ces diverses constructions sont bien conçues, au point de vue des services auxquels elles sont destinées; il n'y a rien à reprendre à cet égard. Mais nous ne pouvons, néanmoins, qu'exprimer le vœu de voir reconstruire la façade qui donne sur la rue Saint-Lazare. En raison de sa situation avancée dans l'intérieur d'un des beaux quartiers de la ville, il est à désirer que cette façade offre un aspect monumental qui ajoute à l'ornementation de la *place du Havre*. Car les maisons de forme élégante et à peu près symétrique, qui bordent deux des côtés de cette place, font un bel effet et sont d'une élévation supérieure à celle des deux corps de bâtiments de la gare qui se présentent sur cette place. Cette façade est donc à refaire, et la Compagnie de l'Ouest y avisera un jour, on doit le penser.

Le moment favorable à cette opération pourra se présenter, nous le croyons, lors de l'exécution de la rue projetée, dite *rue de Rouen*, qui doit relier la place du Havre aux rues Saint-Honoré et Marengo, près du palais des Tuileries. La place du Havre et ses abords subiront alors, sans doute, de notables modifications, et la Compagnie de l'Ouest pourra se concerter avec l'Etat et la ville pour que ce remaniement s'harmonise avec la construction, devant cette place, d'une magnifique façade et de beaux bâtiments latéraux, destinés au logement de tout le service administratif de la Compagnie des chemins de fer de l'Ouest.

Gare du boulevard Montparnasse.

Nous n'avons que peu de mots à dire sur cette deuxième gare du chemin de l'Ouest, située sur le boulevard Montparnasse, *intrà muros :* ce sera pour nous joindre aux éloges unanimes déjà donnés à la construction de ce bel édifice qui réunit toutes les conditions désirables, soit par ses dispositions intérieures et agencements de service, soit par son magnifique aspect architectural.

Cette situation satisfaisante sous tous les rapports, quant à présent, rendrait très-faciles les améliorations complémentaires que cette gare pourra recevoir, d'après les propositions générales que nous présentons ci-après sur cette matière, et à raison des nécessités toujours croissantes du service des chemins de fer.

CHAPITRE III.

OBSERVATIONS GÉNÉRALES.

GARES DES DÉPARTEMENTS.

Si nous passons à l'examen des gares qui ont été construites dans les principales villes des départements par les Compagnies des divers chemins de fer, nous voyons partout se manifester, par des améliorations de tout genre, l'expérience que les ingénieurs et les architectes ont acquise, depuis quelques années, dans la construction de ces édifices. Partout les Compagnies concessionnaires et les hommes de l'art, dirigés par un généreux esprit de progrès et une juste appréciation du goût et des besoins de notre époque, se sont appliqués à rendre aussi parfaite que possible la construction des débarcadères des grandes villes. Ce but a été souvent atteint, là surtout où l'efficace appui de l'autorité supérieure et le concours des administrations locales ont pu soutenir et seconder les bonnes intentions des Compagnies. Alors de beaux ouvrages se sont exécutés, dans un assez grand nombre de villes, sur les lignes du Nord, d'Orléans, de l'Est, de l'Ouest, et sur les autres chemins, dont la concession a été faite plus tard, entre autres, ceux de Paris à Lyon et à la Méditerranée.

Mais cette entente, si nécessaire et si profitable à tous les intéressés, et surtout aux villes les plus importantes, n'a pas régné partout. Les Compagnies se sont trouvées assez souvent, tantôt gênées dans la disposition de leurs plans de la part de l'autorité centrale, par suite de réclamations diverses ou d'autres motifs, tantôt entravées dans la forme et l'emplacement à donner à leurs constructions, par suite des obstacles que devait leur opposer le génie militaire ; et tantôt, il faut bien le dire, parce que, dans quelques localités, des considérations étrangères au bien du service, de mesquins intérêts privés ou certaines idées inintelligentes venaient se substituer au sentiment de l'intérêt général.

Quelquefois aussi, malgré l'expérience faite depuis dix ans, malgré le cri unanime des populations réclamant le bienfait de la création des voies ferrées, on a vu cette louable avidité de progrès, ces élans de l'instinct national, méconnus par ceux-là même qui devaient profiter le plus du voisinage des chemins de fer, et semblaient devoir en être les premiers et les plus fervents défenseurs.

En continuant cet exposé, et en examinant quelques-unes des principales gares des départements, nous verrons une série de faits venir successivement se grouper à l'appui des assertions qui précèdent et en fournir des preuves irrécusables.

Dans une récente tournée d'études sur cette matière, sur les lignes de l'Ouest, du Midi et surtout d'Orléans, nous avons pu reconnaître en effet que là où les Compagnies des chemins de fer ont pu agir sans entraves dans l'exécution de leurs plans, dans toute la liberté de leur esprit d'amélioration et de leur sentiment des beautés architecturales, là aussi se sont élevés des bâtiments pleins d'élégance et de grandeur. Toutefois, dans quelques-unes des villes même où ces faits se présentent, nous n'avons pas vu toujours se réaliser le vœu que nous avons déjà exprimé à cet égard et que nous formulerons d'une manière encore plus explicite dans la suite de ce travail ; nous n'avons pas trouvé de gares qui fussent en même temps de complètes constructions d'utilité publique et de beaux édifices contribuant, par leur aspect et leur situation, à l'ornementation monumentale de la cité.

Ainsi, à Bordeaux, à Nantes, à Rouen, à Toulouse, et dans d'autres villes importantes, les gares sont placées à une distance considérable des principaux quartiers et dans des positions où elles ne peuvent que très-imparfaitement concourir à l'embellissement de ces grandes villes.

Ce fait résulte de la trop rapide construction de ces gares, les Compagnies ayant voulu, avant tout et attendu l'urgence, pourvoir aux besoins du service. Et puis, c'est que les villes elles-mêmes n'ont pas compris, dès l'abord, les considérations qui rendaient nécessaires, de leur part, pour la parfaite exécution de ces débarcadères, quelques concessions et même quelques sacrifices en faveur des Compagnies. On reconnaît aujourd'hui presque partout qu'il y a quelques pas à faire, de part et d'autre, sur le terrain de la conciliation, et déjà quelques actes de coopération, de la part de villes importantes, ont prouvé récemment qu'elles comprenaient parfaitement tout l'avantage qu'il y a pour elles, dans une alliance de vues et de collaboration avec l'Etat et avec les Compagnies concessionnaires, dont tous les efforts tendent, évidemment et toujours à donner satisfaction à l'intérêt public.

Nous devons espérer que le temps et les leçons de l'expérience fortifieront de plus en plus ce précieux accord, si désirable pour tous, entre les villes intéressées et les Compagnies auxquelles se joindra l'Etat, particulièrement pour ce qui concerne les places fortes, soumises aux servitudes des zones militaires.

Ainsi, sous ce dernier rapport, relativement aux entraves imposées par les lois du 8 juillet 1791, du 10 juillet 1851 et le décret du 10 août 1853, nous prendrons pour exemple, à l'appui de nos observations, les faits survenus en cette question des gares, dans les villes de Cherbourg, de Metz, de Strasbourg, de Rochefort, de la Rochelle et d'autres encore.

Les décisions diverses qui se sont produites à l'égard de ces places de guerre suffiront pour démontrer les inconvénients qui résultent de l'application, aux gares des chemins de fer, des dispositions des lois et décret précités : elles serviront aussi surabondamment à faire ressortir les avantages et même la nécessité qu'il y aurait à adopter sur ce point un système nouveau et uniforme qui satisfît à tous les intérêts.

Désirant présenter, le plus tôt que faire se pourrait, l'exposé de notre opinion sur l'importance que l'on doit sérieusement attacher à la construction des gares de chemins de fer, nous nous sommes bornés, dans plusieurs tournées sur les lignes d'Orléans, de l'Ouest et du Midi, à recueillir des renseignements et à constater quelques résultats à l'appui de nos opinions. Plus tard, ce cercle d'observations devra s'agrandir, et nous irons chercher encore, sur les lieux mêmes, de nouveaux arguments utiles à notre cause, qui n'est, au surplus, que la défense des véritables intérêts de l'Etat, du public et des Compagnies concessionnaires.

Nous arrivons donc à résumer, dans les paragraphes qui vont suivre, les observations qu'a pu nous suggérer la visite de plusieurs gares importantes, dans les départements. Heureux, si nous parvenons à y trouver quelques preuves en faveur des propositions que nous nous hasarderons à soumettre, ci-après, à qui de droit, sur les conditions que nous semble réclamer encore, dans l'intérêt général, la construction des gares de chemins de fer, à Paris et dans les principales villes de France.

Gares de Bordeaux.

Parmi les gares que nous venons de citer, comme ne répondant pas complétement aux conditions de commodité du service et d'ornementation architecturale, notre attention a dû se porter, par un autre motif d'actualité, sur les deux débarcadères des chemins de fer d'Orléans et du Midi, à Bordeaux ; car on s'occupe, en cette ville, du projet de mettre en communication les lignes de Paris à Bordeaux, et de Bordeaux à Toulouse et Cette, en reliant la gare du premier de ces chemins, située à Cenon-la-Bastide, avec celle du chemin du Midi, située sur l'autre rive de la Garonne, dans un des faubourgs de Bordeaux.

D'après le projet des ingénieurs des Compagnies d'Orléans et du Midi, la grande avenue de Cenon-la-Bastide, faisant face au pont de Bordeaux, se trouverait coupée en deux endroits, à 250 mètres de distance l'un de l'autre, par les lignes de raccordement proposées entre les deux gares.

Mais, d'après un contre-projet appuyé par les communes intéressées, la ligne qu'on oppose à celle des ingénieurs s'embrancherait à l'extrémité midi du viaduc de Lormont ; viendrait, par une légère courbe, longer l'accotement de la route impériale, dans la direction de la maison de M. Coupat, passerait en tunnel sous la route, ou en viaduc par-dessus, selon les exigences des niveaux, se dirigerait vers le midi, en s'appuyant contre le coteau de Cenon-la-Bastide ; puis, en inclinant vers le couchant, aboutirait directement à la passerelle de jonction entre les deux chemins de fer d'Orléans et du Midi. Quant à la communication entre les deux gares, elle s'opérerait par un raccordement qui partirait non loin du viaduc de Lormont et viendrait rejoindre la ligne principale près de la maison précitée de M. Coupat. Ce contre-projet, appuyé par les Conseils municipaux de Bordeaux et de la Bastide, par les maires des communes du canton, a obtenu l'entière adhésion d'une Commission spéciale présidée par M. le préfet de la Gironde ; il est vivement soutenu aussi par toute la presse départementale.

Nous n'avons pas à intervenir en cette discussion, puisque le ministre des travaux publics a rendu sa décision en faveur du projet des Compagnies. D'ailleurs, à notre point de vue particulier, la question n'était pas uniquement dans le succès de l'une ou de l'autre de ces propositions, quoique l'adoption du contre-projet, nous devons le reconnaître, eût été un acheminement naturel vers le but auquel tendent nos vœux et nos efforts.—Aussi, par ce dernier motif surtout, nous regrettons que les adversaires du raccordement proposé par les Compagnies d'Orléans et du Midi ne se soient pas attachés, spécialement, à demander que l'Administration centrale voulût bien ajourner sa décision sur ce projet ; car une considération importante pouvait utilement être invoquée à l'appui de ce délai, pour sauvegarder l'avenir et tous les intérêts engagés dans cette question, et, avant tout, ceux des deux Compagnies précitées.

En effet, il ne faut pas oublier, en cette circonstance, que l'on a déjà manifesté, à ce sujet, un vœu intelligent et de haute utilité publique, auquel nous venons nous associer aussi, avec conviction : c'est qu'il n'y ait, à Bordeaux, qu'une grande gare centrale, pour les deux chemins de fer d'Orléans et du Midi. Eh bien ! ce vœu pourrait être renouvelé aujourd'hui avec une grande opportunité ; car il est à désirer que cette réunion des points aboutissants des deux chemins, dans l'intérieur de la ville, ait lieu le plus tôt que faire se pourra, à l'avantage de toutes les parties intéressées, savoir : le gouvernement, les Compagnies d'Orléans et du Midi, le public, et surtout les habitants de Bordeaux. L'utilité incontestable de cette centralisation du service des deux voies ferrées qui pénètrent dans cette ville devra bientôt amener l'examen de cette question, et, très-probablement, la réalisation de ce vœu d'intérêt universel ; et c'était là un argument sérieux à faire valoir à l'appui de la contre-proposition dont nous venons de parler. Sans aucun doute, l'opinion publique et les sympathies du Conseil municipal de Bordeaux auraient puisé une force nouvelle dans la manifestation de cette pensée, aussi favorable à l'intérêt commercial qu'à l'embellissement de cette grande cité.

Au point de vue de nos idées personnelles sur cette question des gares en général, nous ne pouvons que nous féliciter, en l'état actuel des choses à Bordeaux, de trouver une occasion pour demander, avec instance, l'application du·mode de construction que nous essayons de proposer ci-après, dans la conclusion de cet écrit ; occasion qu'il nous semble que les parties intéressées devraient saisir aussi avec empressement.

Car jamais circonstance ne sera plus opportune pour mettre à l'étude le projet d'une gare-modèle, réunissant toutes les conditions désirables d'aménagement du matériel, de facile communication pour les voyageurs, et offrant en outre, avec tous ces avantages de distribution intérieure pour les divers services de l'exploitation du chemin et de l'administration de la Compagnie, l'aspect d'un grand et magnifique édifice de service public, aussi complet qu'il puisse exister.

Pour réaliser cette utile conception, l'Etat viendrait en aide pour une large part aux deux compagnies d'Orléans et du Midi ; le Conseil municipal de Bordeaux s'imposerait dans le même but un indispensable sacrifice, par une allocation pécuniaire, pour contribuer aux acquisitions de terrains que nécessitera l'établissement de la gare du chemin d'Orléans. Le Conseil général de la Gironde voterait aussi à cet effet une forte subvention. Enfin, les Compagnies précitées se concerteraient entre elles et avec les autres fondateurs de ce bâtiment d'intérêt commun, pour compléter la somme nécessaire à sa construction.

Ces diverses ressources mettraient l'administration à même de donner à cet édifice les plus vastes et les plus belles proportions. Pour l'emplacement de cette gare-jumelle, il y aurait à examiner s'il ne serait pas possible de se rapprocher davantage du centre de la ville. Une enquête sérieuse s'ouvrirait, à cet égard, par les soins combinés de l'administration départementale et des directeurs des deux Compagnies, du jour où l'autorité supérieure aurait ordonné l'examen de la question.

« L'étendue d'une gare extrême de chemin de fer est ordinairement considérable. Dans les grandes villes où viennent se croiser des chemins de fer qui traversent le pays d'une extrémité à l'autre, et auxquels viendront se souder, dans l'avenir, une infinité de branches plus ou moins longues, on ne saurait faire les gares trop vastes.

« Personne ne peut prévoir quelle limite atteindra, un jour, le mouvement toujours croissant des voyageurs et des marchandises ; et si on n'agrandissait les gares qu'au fur et à mesure des besoins, on s'exposerait à payer à un prix exorbitant les terrains nécessaires. La gare des voyageurs du chemin de fer du Nord, à Paris, couvre un espace de cinq hectares ; et on regrette de ne pas lui avoir donné de plus grandes dimensions. » (M. Perdonnet, dans l'ouvrage précité.)

On étudierait, en même temps, la convenance et la possibilité qu'il y aurait de placer les bâtiments de la gare du chemin d'Orléans sur les terrains avoisinant la gare du Midi, et qui s'étendent le long du quai de Paludatte, à partir de la rue de l'Abattoir et du cours Saint-Jean. Il y aurait là, sans doute, de grands obstacles à surmonter, en raison de la nature du sol ; mais les talent de MM. les ingénieurs des ponts-et-chaussées saurait vaincre ces obstacles, comme il l'a déjà fait sur tant d'autres points encore plus difficiles. Dans cette dernière hypothèse, l'ensemble des bâtiments de la gare centrale se trouverait faire face au cours Saint-Jean ; et, en créant une place symétrique devant les façades parallèles des deux corps principaux de cet édifice, on pourrait leur donner de grandes dimensions architecturales, en analogie avec les magnifiques colonnades des deux monuments élevés par Gabriel, et qui décorent avec tant de splendeur, à Paris, la place de la Concorde.

Après le choix de l'emplacement et l'adoption de la forme à donner à ce vaste édifice, un programme serait arrêté pour le plan de construction, et cet ouvrage serait mis au concours entre les ingénieurs et architectes français ; une des principales conditions à imposer aux concurrents sera de donner au corps d'avant de l'édifice une façade grandiose et monumentale, et à toutes les autres parties extérieures un aspect à la fois élégant et d'un bon style d'architecture.

C'est à juste titre que nous faisons appel ici à la coopération de l'Etat, du département de la Gironde et du Conseil municipal de Bordeaux. En effet, en ce qui concerne d'abord ces deux derniers intéressés, le département et la ville chef-lieu, chacun comprend tout l'avantage qu'ils retireront de la construction de cette gare centrale, surtout si elle pouvait avoir lieu sur un emplacement plus rapproché du centre de la population et des affaires.

Ce résultat aurait aussi une grande portée au point de vue de l'art ; car Bordeaux possède déjà le plus beau théâtre et le plus beau pont de France, de magnifiques boulevards, rues et places symétriques, une cathédrale citée parmi les plus admirables qu'il y ait au monde, et enfin de nombreux et remarquables édifices publics. La possession de la plus belle gare des départements viendrait compléter cet ensemble de constructions magistrales, et assurer à cette grande cité le rang qu'elle occupe en France, après Paris, par ses richesses architecturales de tout genre.

Le même concours, de la part de l'Etat, serait un acte aussi profitable à ses propres intérêts qu'utile aux Compagnies concessionnaires des chemins d'Orléans et du Midi, et généreux envers la ville de Bordeaux ; car, dans un laps de temps qui se rapproche chaque jour du terme prévu par les lois de concession, les chemins de fer devant devenir propriétés de l'Etat, celui-ci ferait preuve de bonne administration en favorisant, dès à présent, les Compagnies dans la construction de beaux et vastes débarcadères, là où se présente l'occasion de créer ou de réédifier ces édifices dans de complètes conditions d'utilité pratique, et en vue de concourir à l'embellissement des villes. Et, à cet égard, nous le répétons, la plus parfaite opportunité se présente aujourd'hui dans la question des gares de Bordeaux ; jamais cette double condition d'utilité et d'embellissement n'aura trouvé une plus rationnelle et plus désirable réalisation.

Gare de Cherbourg.

La gare de Cherbourg devait naturellement subir la conséquence de la situation de cette place de guerre, et être reléguée en dehors des zones militaires, aux termes de la loi de 1791. Néanmoins, la Compagnie de l'Ouest sollicita la faveur d'élever une partie des constructions de cette gare en dedans des zones prohibées. D'après le projet de détail présenté par elle, ces constructions comprenaient le bâtiment principal des voyageurs, une remise à locomotives, un hangar aux marchandises et d'autres petits bâtiments accessoires pour les besoins de l'exploitation. Tous ces bâtiments étaient situés en dehors de la deuxième zone des servitudes, à l'exception toutefois du hangar aux marchandises, qui se trouvait placé en dedans de cette zone. Le bâtiment principal des voyageurs était sur le bord de la route impériale, dans l'axe du bassin du commerce, et rapproché autant que possible de la ville. La hauteur du pavillon principal devait être de 16^m,10 au-dessus des quais. Le hangar à marchandises s'étendait parallèlement à la rivière la Divette, en face du bassin de retenue.

Par une décision du 14 avril 1857, qui indiquait déjà les bienveillantes dispositions du ministre des travaux publics, ce projet de détail fut soumis à l'examen d'une Commission mixte réunie à Cherbourg, et qui fut favorable à la demande de la Compagnie.

M. l'ingénieur en chef du contrôle, chargé d'examiner aussi cette demande, estima que les différents bâtiments dont il s'agit répondaient bien aux exigences du service, paraissaient suffisamment développés et convenablement disposés ; il proposa, en conséquence, d'approuver le projet précité, sous la condition que la ligne serait terminée par un palier de 580 mètres de longueur.

M. le directeur des fortifications de Cherbourg, également consulté, adhéra, en ce qui concernait le service qu'il représente, aux dispositions projetées, sous la seule condition que la Compagnie s'engagerait, suivant les formes voulues par le décret du 16 août 1853, à démolir sans indemnité, ou à le voir faire à ses frais, toutes les constructions qu'elle élèvera dans la zone de servitude du fort du Roule, dans le cas où, la place de Cherbourg étant déclarée en état de guerre et menacée d'hostilité, l'autorité militaire jugerait convenable de les faire démolir.

Le Conseil général des ponts-et-chaussées, à l'examen duquel le ministre soumit le dossier de l'affaire, émit l'avis qu'il y avait lieu d'approuver le projet précité, sous la condition ci-dessus indiquée par M. l'ingénieur en chef du contrôle. La Compagnie devait en outre se conformer, vis-à-vis de l'administration militaire, à la condition sous laquelle le directeur des fortifications a donné son adhésion à l'exécution des travaux en ce qui concerne les bâtiments qui pourront être élevés dans la deuxième zone de servitude du fort du Roule.

En définitive, cet avis fut adopté par le ministre des travaux publics, et fut consacré par la décision ministérielle du 13 octobre 1857.

Cette décision, quoiqu'elle maintînt encore certaines dispositions restrictives de l'article 30 de la loi du 8 juillet 1791, était néanmoins une sorte de conquête faite par la Compagnie de l'Ouest et le premier avantage de ce genre, obtenu en faveur d'une gare de chemin de fer construite dans de pareilles conditions.

En présence de cette décision, toute bienveillante qu'elle fût d'ailleurs sous certains rapports, la Compagnie de l'Ouest dut se borner à établir les constructions, à l'entrée de Cherbourg, dans les dimensions et en la forme rigoureusement nécessaires à son service d'exploitation ; elle n'a donc pu donner à la façade de sa gare de grandes et belles proportions architecturales. Mais le point essentiel a été obtenu ; il a été dérogé en cette circonstance, sur certains points, aux restrictions de la loi du 8 juillet 1791, et un précédent a été établi, à cet égard, en faveur des gares de chemins de fer. La situation du débarcadère de Cherbourg, qui a reçu la première application de cette mesure sur la ligne de Bretagne, est convenable quant à présent. Le temps, nous devons l'espérer, fera marcher et résoudra enfin la question de la construction normale et définitive des gares des chemins de fer, dans l'intérieur des grandes villes et même des places fortes, et dans le sens des propositions que nous présenterons ci-après.

La Compagnie de l'Ouest voudra alors, sans aucun doute, avoir aussi sur ce point de son importante ligne un monument digne de figurer avec éclat, surtout par une magnifique façade, parmi les merveilleuses constructions, de tout genre, déjà élevées à Cherbourg.

Gare de Rochefort.

La construction de la gare de Rochefort, place forte située sur la Charente et dans l'intérieur des terres, a donné lieu aussi aux difficultés résultant de la loi du 8 juillet 1791, sur les servitudes militaires. Mais, quoique cette ville fût dans une situation plus favorable que Cherbourg, puisqu'elle est éloignée de plus de 8 kilomètres de l'embouchure du fleuve précité, ce qui la met à l'abri d'attaques du côté de la mer ; néamoins, la décision ministérielle semble avoir été moins tolérante à son égard ; car tous les bâtiments de cette gare ont été relégués à une plus grande distance des fortifications.

La Compagnie du chemin de fer d'Orléans, dominée par les prescriptions de la loi de 1791, renouvelées par la loi du 10 juillet 1851 et le décret du 10 août 1853, avait présenté, pour l'établissement de cette gare aux abords de la place de Rochefort, un projet qui donna lieu, dès le 27 août 1856, à une conférence d'examen prescrit par M. le ministre de la guerre, entre les officiers du génie et de l'artillerie, et les ingénieurs du service du contrôle.

D'après ce projet, la gare devait se composer :

1º D'un bâtiment destiné aux voyageurs, ayant 100 mètres de longueur et 8 mètres de largeur, avec un retour d'équerre, à son extrémité, de 16 mètres sur 10 mètres ;

2º D'un autre bâtiment de même dimension, pour former une remise destinée aux vagons des voyageurs ;

3º D'un hangar pour marchandises et d'une remise pour locomotives.

Tous ces bâtiments seraient construits en galandage de 12 centimètres d'épaisseur, avec soubassement en maçonnerie de 30 centimètres de hauteur. Les deux derniers seraient placés en entier dans la deuxième zone des servitudes de la place ; les deux autres seraient élevés dans la première zone ; mais, de manière, cependant, qu'aucun de leurs points ne fût à moins de 100 mètres de l'escarpe.

Après avoir été successivement examiné par le Comité des fortifications, le Conseil général des ponts-et-chaussées, le Comité d'artillerie et du génie, et le Conseil des travaux de la marine, le dossier de l'affaire fut placé sous les yeux de la Commission mixte des travaux publics, et cette Commission, après en avoir délibéré, a émis l'avis qu'il y avait lieu d'autoriser l'exécution du projet présenté par la Compagnie pour l'établissement de la gare de Rochefort ; mais sous les conditions suivantes :

1º Les bâtiments destinés uniquement au service des voyageurs pourront être élevés dans l'intérieur de la première zone des servitudes de la place, mais de manière qu'aucun de leurs points ne se trouve à moins de 100 mètres de distance de l'escarpe de la face droite du bastion 2 de l'enceinte.

Les bâtiments seront construits en galandage de 12 centimètres d'épaisseur, avec soubassement en maçonnerie de 30 centimètres au plus de hauteur au-dessus du sol. La Compagnie, avant de les faire entreprendre, devra souscrire l'engagement de les démolir à ses frais et sans indemnité, et d'en enlever les matériaux et décombres à ses frais et sans indemnité, à la première réquisition de l'autorité militaire, dans le cas où la place, déclarée en état de guerre, serait menacée d'hostilité. La Compagnie joindra, en outre, à sa soumission un plan détaillé des bâtiments qui doivent constituer le service des voyageurs ; et, sous aucun prétexte, elle ne pourra augmenter la masse de ces constructions, sans une autorisation spéciale du ministre de la guerre ;

2º Tous les autres bâtiments quelconques dépendant de la gare de Rochefort seront, sans exception, répartis au delà de la limite de la première zone des servitudes.

Cet avis de la Commission mixte des travaux publics a été approuvé par M. le ministre de la guerre, le 2 avril 1857, et par M. le ministre de la marine, le 3 du même mois. M. le ministre des travaux publics l'a sanctionné, par sa décision en date du 8 avril 1857, sous la réserve, en ce qui concerne le service civil, qu'il ne sera statué définitivement sur les dimensions et dispositions des bâtiments, quais et trottoirs de la gare, que sur la production du projet de détail qui devait être présenté par la Compagnie.

Il est résulté de cette décision, que la gare de Rochefort, construite d'après les prescriptions énoncées ci-dessus, n'est qu'un bâtiment provisoire, en galandage de brique bigarrée, ayant la forme assez gracieuse, d'ailleurs, d'un vaste chalet suisse, et qui a nécessité une dépense aussi considérable que s'il eût été établi en pierre. De plus, sa faible épaisseur de 12 centimètres ne la met pas à l'abri des effets de l'humidité presque constante du climat de cette contrée. La marquise est surtout remarquable par son élégance et sa légèreté, qui n'en excluent pas la force et la solidité. La gare offre, par sa largeur et ses dispositions intérieures, toutes les facilités désirables pour le service de l'exploitation ; mais sa toiture élevée est souvent trop fortement battue par les vents furieux qui règnent d'ordinaire dans le voisinage de la mer, et qui finiront, à la longue et insensiblement, par affecter quelques parties de cette vaste charpente de fer. C'est donc là un édifice provisoire, placé dans des conditions de gêne et de défectuosité, au point de vue de l'intérêt public et du service du chemin de fer.

Si l'on changeait plus tard, comme nous essayons de le proposer ci-après, le système de construction des gares en ce qui concerne les places fortes, il sera facile de remédier aux inconvénients qu'offre, à tous égards, la situation de ce débarcadère, en le reconstruisant dans l'intérieur de la ville. A cet effet, il y aurait lieu de modifier la ligne de fortification du côté sud, en renfermant dans la place le faubourg qui l'avoisine et où l'on trouverait un magnifique et très-commode emplacement pour la construction de cette gare, sur de très-grandes proportions et avec toutes les dépendances nécessaires au service administratif et à l'exploitation du chemin de fer.

Au surplus, cette importante mesure serait, nous le croyons, doublement avantageuse à la ville de Rochefort, dont l'existence commerciale pourrait beaucoup s'améliorer, si la gare était plus rapprochée du centre de la population et du quartier des affaires.

En effet, dans une tournée récente sur les lieux, nous avons voulu prendre une idée de la configuration de cette ville, de son état commercial, de l'utilité qu'elle peut retirer, sous ce dernier rapport, de l'existence des beaux établissements maritimes élevés le long de la Charente, dans presque toute l'étendue de la place. Or, la vue de Rochefort nous montre la ville bourgeoise séparée et tenue à distance, pour ainsi dire, de la rive droite de la Charente, par l'immense cordon d'enceinte des établissements de la marine impériale, qui se prolongent sur toute l'étendue de cette rive du fleuve. Evidemment cette sorte de ligne séparative entre les parties de la ville doit nuire aux progrès de son commerce et de son industrie qui pourraient s'accroître, bien certainement, si on les plaçait dans de meilleures conditions topographiques et de communications extérieures. Dans notre opinion, rien ne contribuerait davantage à vivifier et à enrichir la ville de Rochefort que le rapprochement de la gare du chemin de fer, joint à la création d'un ou deux grands bassins pour les navires de commerce et à la construction de larges quais destinés au service de ces navires. Ces établissements commerciaux, élevés du côté opposé au port militaire, ne nuiraient aucunement aux travaux de l'arsenal, ni aux mouvements de la navigation militaire ; ils donneraient, au contraire, une nouvelle impulsion à ces travaux et de grandes facilités pour leur exécution ; car, on le sait, la prospérité du commerce et de l'industrie réagit toujours sur tout ce qui les entoure. Rochefort ne nous semble pas, d'ailleurs, offrir toutes les conditions que comporte un port de stationnement pour les escadres de la flotte ; il nous a paru plus spécialement propre à être un grand chantier de construction et d'armement pour la marine impériale, qui y possède de magnifiques établissements de tout genre. Cette destination peut très-bien s'allier à tous les moyens de faire renaître et progresser le commerce et l'industrie dans cette ville, qui profiterait rapidement de cette combinaison de tous les intérêts. L'agrandissement du périmètre de la ville par l'adjonction d'un vaste faubourg, la création de la gare au centre de ce faubourg, la facilité de la navigation sur la Charente en tout temps et en toute saison ; tels seraient les éléments infaillibles d'une prospérité nouvelle pour Rochefort, qui réunirait ainsi, aux avantages d'une place de guerre et de construction pour la flotte, les richesses et l'activité d'un beau port commercial.

Gare de la Rochelle.

Les bâtiments de la gare de la Rochelle, construits en galandage, d'après les projets de la Compagnie d'Orléans, ainsi que l'avait demandé la Commission mixte des travaux publics, sont exactement semblables à ceux de la gare de Rochefort, les deux villes ayant à peu près la même importance et les gares y étant placées dans des situations analogues. M. l'ingénieur en chef du contrôle, ayant trouvé que les projets concernant ces deux places satisfaisaient aux conditions d'une bonne et facile exploitation, proposa de les approuver, sauf quelques modifications de détail.

Le Conseil général des ponts-et-chaussées fut chargé d'examiner aussi ces projets ; et, après en avoir délibéré, émit l'avis qu'il y avait lieu de les approuver, sous la réserve des conditions et observations suivantes :

A la Rochelle, comme on l'a fait à Rochefort, on établira une marquise jusqu'à l'aplomb du trottoir devant les trois portes d'entrée de la salle des Pas-Perdus. L'attention de la Compagnie sera appelée sur la convenance qu'il y aurait de modifier la distribution des deux appartements du premier étage.

Cet avis du Conseil général des ponts-et-chaussées fut approuvé par le ministre des travaux publics, par décision en date du 23 juin 1857. Son Excellence y ajouta toutefois cette réserve, savoir : que les travaux ne pourront être entrepris que lorsque l'emplacement de cette gare aura été définitivement arrêté par l'administration supérieure.

Telles furent les dispositions générales d'après lesquelles la gare de la Rochelle fut construite, en 1857, en parfaite analogie avec celle de Rochefort. Toutefois, l'année suivante, une importante modification vint améliorer la communication de la gare avec le port de la Rochelle, à travers le mur d'enceinte des fortifications.

Mais, faisons remarquer d'abord une fâcheuse conséquence résultant pour la Rochelle, plus encore que pour d'autres places de guerre, du genre de construction qu'on a été obligé d'appliquer au débarcadère de cette ville. Les murs en briques, de 13 centimètres d'épaisseur, ne résistent pas suffisamment aux effets de l'humidité presque permanente de ces climats, en raison du voisinage de la mer. De plus, dans les cas de tempêtes maritimes, toujours accompagnées de pluies torrentielles, la gare est inondée tout autour et même à l'intérieur des bâtiments. La marquise est alors horriblement battue par les vents, et semble quelquefois en être ébranlée ; mais sa solidité l'a toujours garantie de toute espèce d'avarie. Toutefois, on ne saurait nier que cette marquise ne serait parfaitement à l'abri de tout accident, sous ce rapport, que si elle reposait sur des murs construits en pierre, offrant une puissante résistance aux fureurs des tempêtes, et une densité impénétrable à l'action délétère de l'humidité.

Citons maintenant l'importante amélioration que cette gare vient de recevoir.

Il était question, depuis plusieurs années, d'un projet de rectification de la route impériale, n° 137, à l'entrée de la Rochelle, pour faciliter l'exploitation du chemin de fer. Après avoir pris connaissance des observations de M. l'ingénieur en chef de la Compagnie d'Orléans, et sur l'avis conforme de M. l'ingénieur en chef du contrôle de la ligne de la Rochelle, M. le ministre des travaux publics décida, les 11 janvier 1856 et 22 février 1857, que la dépense à laquelle donnerait lieu cette rectification serait supportée par parties égales, quel qu'en soit le montant, entre l'Etat, la ville et la Compagnie.

Les projets réguliers, présentés tant pour les deux portes à ouvrir dans les fortifications de la place de la Rochelle que pour la rectification proprement dite, ayant subi les enquêtes prescrites par les règlements et reçu les approbations nécessaires, les dépenses furent évaluées à 177,000 francs ; la part de la Compagnie d'Orléans fut donc de 59,000 francs.

Par délibération du 12 août 1857, le Conseil municipal de la Rochelle prit l'engagement de fournir sa quote-part de cette dépense, soit 59,000 francs, et il mit à la disposition immédiate de l'administration une somme de 20,000 francs, pour permettre de commencer les travaux, au début de la campagne de 1858.

Dans cet état de choses, la Compagnie d'Orléans se mit aussi en mesure de verser sans retard son contingent.

Les travaux de cette rectification sont terminés maintenant (1859), et bientôt le transport des marchandises se fera directement du port même de la Rochelle à la gare du chemin de fer. Au moyen de ce percement de la fortification, la voie ferrée pénètre jusqu'au bassin à flot, en face le quartier Saint-Nicolas, et conduit les marchandises jusqu'au quai de ce bassin, où elles sont embarquées à bord des navires en chargement dans le bassin.

C'est là une immense amélioration pour la ville de la Rochelle, aussi bien que pour la Compagnie d'Orléans et pour l'Etat lui-même. Le partage de la dépense, opéré ici par M. le ministre des travaux publics, par suite des observations de l'ingénieur en chef du contrôle, est également un fait significatif que nous sommes heureux de constater en cette circonstance ; car il vient à l'appui du vœu que nous avons déjà exprimé et qui sera plus explicitement développé ci-après, à savoir, qu'il est vivement à désirer qu'une semblable alliance se réalise toujours entre les parties intéressées, et qu'un partage amiable de la dépense s'établisse aussi entre elles, toutes les fois qu'il s'agira de travaux d'amélioration en faveur de l'Etat et des villes, et de reconstruction, au besoin, des grandes gares de chemins de fer, soit dans la capitale, soit dans les villes les plus considérables ou des chefs-lieux des départements.

Gare de Strasbourg.

Cette gare, d'un style très-remarquable, quoique moins riche que celui de la gare de l'Est, à Paris, a été construite par l'Etat, qui a jugé à propos, cette fois, de déroger complétement aux prescriptions de la loi de 1791, et a placé ce vaste débarcadère, tout entier, dans l'enceinte des fortifications. Nous sommes heureux de mentionner ce fait que nous invoquerons bientôt, comme un puissant argument, à l'appui des conclusions du présent mémoire. Cet exemple semble prouver, en effet, que l'Etat a modifié sa pensée sur l'application de la loi précitée, et qu'il serait disposé à suivre à l'avenir, à l'égard des autres villes de guerre, le système que les mêmes considérations ont fait prévaloir en faveur de Strasbourg. Car le même principe ne saurait, équitablement, disparaître ou se maintenir suivant la position des constructeurs de ces gares, et l'Etat ne voudra pas établir, sur ce point, entre lui et les Compagnies de chemins de fer, une manière différente d'agir, en privant ces Compagnies d'un avantage qu'il s'accorde à lui-même, dans des situations parfaitement identiques. Ce serait, comme on le dit, avoir deux poids et deux mesures, et telle ne sera jamais la pensée du gouvernement.

On doit donc espérer, d'après les précédents suivis déjà par l'Etat, à l'égard des débarcadères de Paris et de Strasbourg, que la jurisprudence de la loi de 1791, en ce qui concerne la construction des gares des chemins de fer, aura bientôt cessé de recevoir une aussi rigoureuse application.

Nous nous promettons de compléter ces citations en allant recueillir, sur d'autres chemins de fer, les observations et les résultats dont il sera utile d'appuyer encore nos propositions.

En attendant, voici quelques mots concernant la situation des gares d'un certain nombre de villes fortifiées, à l'égard desquelles la loi du 8 juillet 1791 a reçu ou a vu modifier ses dispositions.

Chemin de fer de l'Est.

La gare de Metz est en dehors des fortifications de cette ville, mais à une distance de 100 mètres seulement, et par dérogation à l'article 30 de la loi de 1791.

Le génie militaire a fait élever deux fortins, à droite et à gauche de cette gare, pour la protéger sans doute en cas d'attaque de l'ennemi.

La gare de Wissembourg est également en dehors de cette place, à peu de distance des remparts et dans l'enceinte de la première zone des servitudes militaires; ce qui la rend toujours passible de la démolition prescrite par la loi de 1791, en cas de menace d'hostilité.

Les gares de Thionville, de Belfort et de Schélestadt sont aussi en dehors de ces places, et à une distance de près d'un kilomètre de l'enceinte fortifiée.

Chemin de fer de Paris à Lyon.

La gare d'Auxonne a été placée sur la rive droite de la Saône, qui la sépare de la ville, située sur la rive gauche de cette rivière, et à une distance de 600 à 700 mètres.

La gare de Besançon est située à 300 ou 400 mètres des maisons du faubourg du Battoir ; ses constructions sont en galandage ou en simple charpente.

En ce qui concerne la ville de Lyon, nous ferons remarquer qu'il y a, en cette ville, *cinq* gares pour les différents chemins de fer qui y aboutissent! Une seule, peut-être, qu'on eût placée sur la rive gauche du Rhône, entre les Brotteaux et la Guillotière, aurait pu réunir tous les services et offrir de grands avantages aux voyageurs et au commerce. Mais nous nous empressons d'ajouter ici que ce sont des considérations étrangères à l'action du génie militaire qui ont fait prévaloir le système des gares distinctes pour Vaise, Perrache, la Guillotière et les Brotteaux.

Chemin de fer du Nord.

La gare de Lille, pour la partie affectée aux voyageurs, est dans l'intérieur de la ville ; mais celle des marchandises, dite gare de Fives, est à 600 mètres, à peu près, en dehors des anciennes fortifications

La gare d'Arras est dans la deuxième zone des servitudes, et à 300 mètres environ des remparts : celle de Valenciennes est à 130 mètres à peu près des fossés des fortifications.

La gare de Cambrai est dans la troisième zone, à 760 mètres des fossés de la place.

Les gares d'Abbeville, de Saint-Omer, de la Fère, de Dunkerque, sont à la limite la plus rapprochée de la première zone et touchent presque les fortifications.

Les gares de Calais et de Landrecies sont également dans la première zone des servitudes, à 150 et à 100 mètres à peu près des fossés.

La gare de Maubeuge est dans la deuxième zone, à 260 mètres à peu près des fortifications.

Plusieurs autres gares sont au moment d'être construites près de villes fortifiées, entre autres à Béthune ; et il est à remarquer que le génie militaire manifeste, dans l'instruction de ces affaires, des dispositions fort bienveillantes et tendant à adoucir les exigences de la loi de 1791. Nous sommes heureux de constater ce fait.

Chemin de fer des Ardennes.

Le chemin passe au pied du glacis de la place de Mézières et arrive à la station de Charleville, située dans la deuxième zone de servitudes de Mézières. Cette gare, qui dessert les deux villes, a son centre placé à environ 400 mètres des saillants et chemins couverts de la place de Mézières. On y arrive par deux belles avenues conduisant des deux villes précitées, dont l'une abrége surtout la distance pour Mézières.

La gare de Montmédy sera placée à la limite de la deuxième zone des servitudes militaires, c'est-à-dire à 250 mètres à peu près ; les bâtiments divers se trouvent, en partie, dans les deuxième et troisième zones, c'est-à-dire entre 250 et 900 mètres des fortifications. Nous devons ajouter que les parties intéressées sont tombées d'accord sur cette proposition qui est soumise à la sanction du gouvernement.

La gare de Sedan doit être placée, en très-grande partie, dans la première zone des servitudes. Le Comité des fortifications, au ministère de la guerre, et le Conseil général des ponts-et-chaussées ont approuvé les propositions présentées, en ce sens, par la Compagnie du chemin des Ardennes. La Commission mixte donnera bientôt son avis. Mais une circonstance importante se présente aujourd'hui : la ville de Sedan a adressé au gouvernement une pétition tendant à obtenir que la gare soit construite dans l'intérieur de la ville. Cette démarche pourrait, peut-être, faire ajourner encore la décision de l'administration centrale et donner lieu à un nouvel examen de la question.

Nous ne pouvons, à cet égard, que nous réunir au vœu exprimé par la ville de Sedan. Quelques mois de retard sont une considération insignifiante en présence de l'immense avantage que tous les intérêts trouveront dans la réalisation de ce vœu.

Gare de Saint-Nazaire.

Nous ne finirons pas cet article sur les villes principales auxquelles aboutit le chemin de fer d'Orléans, sans dire un mot provisoirement sur la création, encore récente, du port de Saint-Nazaire, placé dans une des plus heureuses positions de cette partie de nos côtes ds l'Océan.

La Compagnie d'Orléans, par les importantes acquisitions de terrains qu'elle a faites pour agrandir la gare de son chemin, sur ce point terminal, a prouvé son intelligente appréciation des destinées futures de cette ville naissante. En effet, à la suite d'un vaste emplacement de près de 1 kilomètre d'étendue sur plus de 200 mètres de largeur, par lequel le chemin de fer s'avance vers Saint-Nazaire, la gare pénètre dans l'intérieur de la ville et arrive jusqu'en face du grand bassin à flot, où elle dépose les marchandises qui doivent être embarquées à bord des bâtiments et chargements dans ledit bassin. Ce transbordement s'opère du terrain même de la gare qui touche au quai du bassin. Ce service réunit ainsi toutes les conditions désirables de promptitude et de commodité.

Dans ces diverses dispositions, la Compagnie d'Orléans a montré autant de sage prévoyance que d'habileté administrative ; car Saint-Nazaire est évidemment appelé à une rapide et immense prospérité. Ce sera, tôt ou tard, la succursale du port de Nantes, dont le commerce maritime aura naturellement son siége principal à Saint-Nazaire, d'où partiront ses plus forts navires et ses plus riches expéditions à l'étranger.

Nous reviendrons étudier, sous ce double rapport, les questions qui se rattachent à la gare de cette intéressante localité.

CONCLUSION.

Nouvelles dispositions proposées pour les principales gares des chemins de fer.

Par suite des diverses observations qui précèdent, nous arrivons à résumer nos idées et à formuler nos propositions sur la question des gares des chemins de fer, au point de vue des nécessités du service de l'Etat, des avantages du public et de l'intérêt des Compagnies concessionnaires.

Ainsi que nous avons essayé de le montrer plus haut, on n'a point donné à ces gares, dans le principe, pas plus qu'aux voies ferrées elles-mêmes, le véritable caractère que tout porte aujourd'hui à attribuer ou à restituer à ces établissements.

En effet, les chemins de fer doivent être placés au même rang, au moins, que les routes impériales de premier ordre : tous les travaux nécessaires à leur confection ont été exécutés sous la protection et l'aide même de la loi d'expropriation, comme pour les travaux d'utilité publique dirigés par l'Etat ou entrepris pour son compte. Exécutées dans les meilleures conditions de viabilité, ces magnifiques routes réunissent la solidité, la rapidité et la double économie de temps et d'argent : aussi ont-elles dû bientôt centraliser tous les genres de services publics et privés. Aujourd'hui, elles font plus que de transporter les courriers et la correspondance, et les voyageurs de toute classe : leurs trains portent les bureaux de poste eux-mêmes, avec les employés de l'administration postale, qui s'y livrent à leurs travaux ordinaires avec autant de régularité qu'ils le feraient à l'hôtel de la direction générale à Paris.

Dans les circonstances graves où le service de l'Etat peut l'exiger immédiatement, les chemins de fer transportent, à grande vitesse, les détachements de troupes de toutes armes, la cavalerie, l'artillerie et tout le matériel nécessaire à la mise en mouvement d'un corps d'armée. — Cette considération est d'une importance tellement évidente, qu'il semble inutile d'en faire ressortir toute la gravité. Toutefois, nous sommes heureux de rappeler ici, à l'appui de notre assertion, l'imposant témoignage de M. Perdonnet sur ce point. « La dernière guerre d'Orient, dit cet honorable ingénieur, a offert un exemple frappant de l'utilité dont peuvent être, en certaines circonstances, les chemins de fer pour la protection d'un pays. Un chemin de fer existe entre Saint-Pétersbourg et Moscou ; mais de Moscou, les communications avec le midi de la Russie n'ont lieu que par terre ou par eau. Les transports de troupes par les routes ordinaires, en hiver surtout, sont excessivement difficiles. Avec un chemin de fer qui se fût trouvé complétement à l'abri des attaques des armées ennemies, le czar aurait pu jeter, presque instantanément, en Crimée, une armée de plusieurs centaines de mille hommes, qui auraient opposé un obstacle insurmontable à la prise de Sébastopol et à l'envahissement du territoire, et rien n'eût été plus facile que l'approvisionnement de cette armée. Félicitons-nous de ce que la Russie n'ait pas à sa disposition cette arme redoutable, et disons que *les chemins de fer sont un puissant moyen de défense pour le pays qui les possède.* » — Ces chemins servent aussi aux envois de fonds que l'Etat et le commerce se transmettent d'un bout de la France à l'autre ; ils transportent également les denrées alimentaires.et les objets d'art les plus précieux, avec la même rapidité que la correspondance des citoyens et les dépêches du gouvernement. Pour tous ces mouvements et cette circulation de haute utilité publique et privée, les voies ferrées ont remplacé, avec un avantage incomparable, les routes impériales et les relais de postes. — Voilà certainement de grandes et importantes attributions ; et, sans aucun doute, ce sont là d'immenses services que ces établissements rendent, chaque jour et à chaque instant, au gouvernement, au commerce, à l'industrie et à l'agriculture.

Tant de sérieuses considérations de toute nature ne suffisent-elles pas pour démontrer que les chemins de fer sont des établissements d'intérêt public et gouvernemental au premier chef, et que l'Etat doit, non-seulement les favoriser, mais contribuer, autant qu'il peut le faire, à améliorer leur exploitation, et surtout à perfectionner la construction des gares dont les services sont de tous les instants et de tous les intérêts ?

Car les débarcadères ne sont pas seulement des points d'arrivée et de passage pour les voyageurs, ce sont encore des magasins de marchandises et d'effets de toute espèce, et qui renferment souvent de vastes approvisionnements de denrées de toutes sortes, appartenant au commerce ou à l'Etat. C'est aussi le dépôt central d'un riche matériel servant à l'exploitation du chemin de fer, ou d'objets en nature destinés à la fabrication, pour l'usage de la gare.

Là aussi peuvent être provisoirement déposés, en certains cas, un matériel de guerre et des munitions d'armes à feu destinés aux garnisons des villes voisines ; et il peut survenir des circonstances qui mettent l'administration civile ou militaire dans la nécessité de différer l'enlèvement de ces objets. Or, en pareils cas, n'est-il pas convenable, nécessaire même, que les débarcadères soient établis de manière à offrir toutes les facilités et toutes les sûretés possibles pour garantir le dépôt et la conservation de ces masses de précieux approvisionnements ?

Par les mêmes considérations, il est évident que le génie militaire, guidé par les prescriptions de la loi du 8 juillet 1791, concernant les zones de servitudes tracées autour des places fortes, la loi du 10 juillet 1851, relative au classement de places de guerre et aux servitudes militaires, et par le décret du 10 août 1853 sur le classement des places de guerre et sur les servitudes imposées à la propriété autour des fortifications, le génie militaire, disons-nous, a dû appliquer ces dispositions aux débarcadères de nos voies ferrées. Car, en présence de ces lois et décret, les gares sont implicitement reléguées dans la catégorie des simples constructions privées soumises à des dispositions générales, sauf l'exception conditionnelle et temporaire énoncée à l'article 30 de la loi de 1791, en faveur des moulins et autres semblables usines de haut intérêt général. En cela, nous nous empressons de le reconnaître, le génie militaire ne peut qu'exécuter la loi ; il ne fait que remplir un devoir, et Dieu nous garde de la moindre observation sur ce point ! Mais, ce que nous lui demandons, et qu'il nous accordera bientôt, il faut l'espérer, c'est de reconnaître avec nous que l'Etat, en persistant à maintenir, à l'égard des débarcadères des chemins de fer, les dispositions actuelles, perd de vue ses propres intérêts et les besoins du service public ; et que dans les cas mêmes qui sont prévus par la loi et le décret précités, c'est-à-dire le cas de guerre, et au moment d'une menace d'hostilité, l'Etat aurait lui-même entravé le service public dans ses opérations les plus essentielles et les plus urgentes, en gênant le transport des approvisionnements et du matériel de guerre, et en empêchant l'entrée immédiate et rapide des détachements de troupes, dirigés vers la place menacée.

De plus, en ce qui concerne les intérêts privés, c'est-à-dire ceux des voyageurs et du commerce, et particulièrement les intérêts les plus importants qui se trouvent engagés ici, savoir : ceux des Compagnies concessionnaires et de leurs nombreux actionnaires, qu'arriverait-il, la guerre survenant, si une place forte était menacé d'hostilité, cas prévu par la loi de 1791, et maintenu par le décret de 1853?

Le génie militaire devra alors appliquer, sans retard, aux débarcadères situés près des remparts de cette place, les dispositions de l'article 30 de la loi et de l'article 8 du décret; il ordonnera la démolition immédiate de ces établissements.

Or, si les menaces d'hostilité devenaient plus pressantes, cette démolition pourrait ne pas aller assez vite au gré de l'impérieuse législation que nous venons de citer. Que ferait alors forcément le génie militaire ? il serait bien obligé de remplir un pénible devoir, et de venir en aide aux ouvriers des Compagnies, dans leur impuissance à faire marcher assez rapidement cette œuvre de destruction : le génie viendrait concourir à une prompte exécution de la loi, et les ouvriers militaires et peut-être même le canon de la place menacée achèveraient, attendu l'urgence, cette œuvre d'anéantissement ! Conçoit-on le spectacle qu'offrirait, sur nos frontières du Nord, dans le cas de guerre et de menaces d'hostilité, le canon français foudroyant dix ou douze gares situées aux abords de nos villes de guerre? Sans aucun doute, ces mesures de démolition, l'encombrement qui en résultera tout autour de l'ancien emplacement de la gare détruite, rendront inabordable l'approche de ce terrain, de cet amas de décombres, de matériaux mutilés ou broyés.

Et, alors, les convois du chemin de fer, arrivant avec leurs nombreux vagons de voyageurs et de marchandises, seront obligés de s'arrêter à une grande distance de la ville, au milieu des champs, dans des lieux déserts et d'une viabilité impossible ou extrêmement difficile, sans station ni hangars pour les marchandises, sans abri pour les voyageurs; et ces derniers se verront forcés de faire un long trajet à travers champs ou au milieu des bois, pour arriver enfin au lieu de leur destination. Alors aussi, dans les moments d'urgence, par suite de menaces d'hostilité, le service de l'Etat aura particulièrement à souffrir de ces déplorables empêchements; car le transport des matériaux, des objets d'approvisionnement et de combat, les envois de troupes avec leur matériel de campagne, tout serait entravé par cette mesure de destruction des gares. Ainsi l'Etat lui-même, par suite de la rigoureuse exécution d'une loi qui ne pouvait prévoir les progrès et nécessités de notre époque, aura nui à son propre service dans les circonstances les plus graves et les plus urgentes; il aura occasionné également des pertes énormes au commerce, à l'agriculture, aux Compagnies de chemins de fer, et porté ainsi la perturbation dans tous les intérêts généraux et privés.

De plus, comme nous avons essayé de le démontrer, les chemins de fer doivent être classés incontestablement au rang des routes impériales de premier ordre, et sont, en outre, de grandes voies de communication universelle. Or, rejeter les gares en dehors des villes fortes, souvent à d'assez grandes distances, c'est établir une solution de continuité entre ces routes d'une incessante activité et leurs points aboutissants. C'est interrompre le cours de la circulation générale dans les moments les plus sérieux pour le service du gouvernement, et les plus pressants pour les voyageurs et le transport des marchandises ; c'est évidemment porter de notables préjudices au commerce aussi bien qu'à l'Etat et aux Compagnies des chemins de fer.

Nous ne pouvons admettre que jamais gouvernement ait pu vouloir de pareils résultats, ni qu'une loi se serait faite avec la prévision de semblables conséquences. Le législateur de 1791, qui a établi le principe des prohibitions et servitudes militaires concernant les places fortes, ne pouvait prévoir que son œuvre aurait un jour une application aussi funeste, et deviendrait même un danger public en ce qui concerne les gares des chemins de fer. Si, plus tard, la loi du 10 juillet 1851 et le décret du 10 août 1853 ont omis de modifier, à l'égard de ces débarcadères, certaines prescriptions de la loi de 1791, à qui doit-on s'en prendre? Les réclamations des Compagnies de chemins de fer sont-elles venues alors éveiller l'attention du gouvernement sur la question des gares, et solliciter une exception en leur faveur, dans les récentes dispositions prises en 1851 et 1853 sur le classement des places de guerre et les servitudes militaires imposées à la propriété autour des fortifications?

Quoi qu'il en soit, espérons que, par la force de choses, et grâce à la sagesse du gouvernement, la législation actuelle sur cet objet pourra être soumise à un nouvel examen. Espérons que le législateur, juste et clairvoyant protecteur de tous les intérêts, fera certainement une exception en faveur des gares, qu'il ne voudra plus considérer, on nous permettra de le croire, comme de simples constructions privées, ou des usines purement mercantiles ou industrielles. Le génie militaire lui-même, dont chacun connaît le savoir et le patriotisme, aurait reconnu le premier l'utilité que le rapprochement de ces gares, en cas de guerre et de menaces d'hostilité, devait offrir pour la défense des places fortes par les motifs énoncés ci-dessus; le génie militaire, disons-nous, aurait demandé également que les débarcadères des voies ferrées fussent toujours construits dans l'intérieur des villes fortifiées.

Or, de ces diverses prémisses, si l'on veut bien en reconnaître la justesse, nous pouvons tirer les conclusions suivantes :

1° Les chemins de fer sont des établissements d'intérêt général de premier ordre ; et, à ce titre, ils méritent toute la protection, et, au besoin, l'aide et les secours de l'Etat. L'évidence de ce principe ressort des faits que nous venons de rappeler, et surtout des actes mêmes du gouvernement qui, en maintes circonstances difficiles, a donné un généreux appui aux Compagnies concessionnaires, et réuni sa coopération effective à l'exécution des travaux les plus importants, pour hâter l'achèvement des premiers chemins construits et commencer l'exécution de ceux qui restent encore à créer en France.

2° Les gares des chemins de fer doivent être classées parmi les édifices de service public de la plus haute utilité, et, comme tels, ces édifices réclament l'attention particulière du gouvernement.

En conséquence, l'Etat doit veiller et présider lui-même à la bonne organisation de ces débarcadères, pour qu'ils contiennent tous les locaux, et réunissent toutes les conditions nécessaires aux divers services officiels et privés qui leur sont attribués. Ainsi, dans la préparation des plans de construction, outre les bureaux des employés du télégraphe, des commissaires administratifs et des surveillants de la sûreté, déjà établis dans l'enceinte des gares, l'Etat doit vouloir qu'il y ait aussi, dans ces établissements, des locaux destinés aux services ci-après, savoir :

Un bureau permanent de douanes ;

Un bureau de poste aux lettres ;

Un vaste corps de garde pour un détachement de cinquante hommes au moins ;

Un poste de sapeurs-pompiers.

Ces mesures d'ordre et de service publics seraient plus encore des garanties spéciales de sécurité et une sorte de protection d'honneur accordées par le gouvernement aux gares des chemins de fer.

Les divers locaux destinés aux usages précités pourront facilement être disposés de manière qu'ils soient entièrement distincts des pièces affectées au service d'exploitation du chemin de fer. Placés sur un des grands côtés du bâtiment de la gare, ces locaux donneraient sur une cour longeant la rue voisine, et n'occasionneraient aucune gêne ni aucun bruit incommode pour le service des employés, pour le passage ou le stationnement des voyageurs. Dans l'état actuel des choses, dans toutes les gares, les services de départ et d'arrivée se font de manière à laisser toujours libre un des côtés de l'édifice. En ce qui concerne les dispositions des divers services de l'exploitation du chemin de fer, nous pensons qu'on ne saurait mieux faire que de suivre les sages conseils et les indications énoncés en l'ouvrage, déjà cité, de M. l'ingénieur Perdonnet, vol. II, p. 1 à 57.

Nous ajouterons ici une dernière proposition qui nous semble se recommander par elle-même à l'attention de MM. les administrateurs des Compagnies concessionnaires.

Les gares des principales villes et surtout des chefs-lieux de départements ont, en certaines circonstances assez fréquentes, un avantage insigne, qui prend un caractère politique et municipal. En effet, c'est dans ces établissements que s'arrêtent d'abord et sont reçus officiellement, dès leur arrivée à Paris et ailleurs, les cortéges de l'Empereur, quand Sa Majesté voyage dans l'empire, et ceux des rois étrangers qui viennent en France. C'est dans les gares que ces souverains reçoivent alors les premiers hommages des grands dignitaires de l'Etat, des magistrats de la cité et des principaux fonctionnaires publics. C'est là aussi que la population accourt d'abord pour saluer de ses premières acclamations Leurs Majestés l'Empereur ou l'Impératrice, ou leurs royaux visiteurs. Les gares sont donc, dans ces occasions solennelles, des édifices d'une haute destination politique et gouvernementale; elles sont alors entourées de toute la pompe des palais impériaux et des hôtels-de-ville aux jours de leurs plus belles cérémonies. Or, en ces circonstances officielles, il peut surgir des causes imprévues ou se présenter de simples considérations de service administratif ou personnel qui décident l'Empereur ou les souverains en voyage à s'arrêter quelque temps à la gare. En pareils cas, aujourd'hui, Leurs Majestés se rendent dans les salles d'attente ou dans d'autres pièces, que l'on dispose momentanément pour leur présente réception. Mais ne serait-il pas plus convenable et plus digne, sous tous les rapports, qu'il y eût dans les gares de Paris et des autres grandes villes un appartement spécial, uniquement consacré au service personnel de l'Empereur, et qui serait constamment tenu en état de recevoir le chef de l'Etat et, au besoin, par ordre supérieur, les souverains étrangers venant rendre visite à Sa Majesté? Cet appartement impérial pourrait être attenant aux salles d'attente, qui en deviendraient, à l'occasion, des dépendances naturelles que l'on transformerait facilement et que l'on décorerait à cet effet, au moment voulu.

C'est là une proposition qu'on pourra examiner avec quelque utilité, peut-être, quand l'Etat, de concert avec les Compagnies concessionnaires, fera examiner la question de la construction des débarcadères des voies ferrées en général, mais spécialement à Paris et dans les grandes villes des départements.

Qu'on nous permette encore une observation à propos de ce qui vient d'être dit, concernant le passage et la réception des souverains dans les gares des chemins de fer. Ces circonstances, dont le retour est certain et peut devenir de plus en plus fréquent, grâce à la paix générale, ne peuvent que rendre encore plus sensible la nécessité, dont nous parlons plus haut, de faire pénétrer les chemins de fer dans l'intérieur des places fortes. En effet, les inconvénients de la situation actuelle de ces gares hors de l'enceinte fortifiée deviennent trop évidents, dans les occasions solennelles dont il s'agit, pour qu'il soit besoin de les développer longuement ici. Chacun comprend ce qu'il peut y avoir de gêne et quelquefois même d'inconvenance à assujettir les cortéges des souverains en voyage aux embarras et aux difficultés de toute nature qu'offre alors une gare reléguée à la distance prescrite par les servitudes militaires.

Nous appuyant donc sur cette considération, nous redirons encore, et ce sera notre dernier mot sur ce point, pénétré de l'importance administrative et politique des débarcadères des grandes villes, le gouvernement reconnaîtra qu'il lui convient, à tous égards, et qu'il est même de son devoir d'adopter pour ainsi dire ces utiles et beaux établissements; il devra veiller, avec le soin le plus attentif, à leur parfaite construction, et, sans aucun doute, il voudra aussi en faire de véritables monuments dignes de leur haute destination. Par suite de ce principe, loin d'imposer à la construction des gares la rigueur des prescriptions de la loi du 8 juillet 1791, le génie militaire, guidé par de nouvelles dispositions légales et réglementaires, aura à prendre ces bâtiments sous sa protection et pourra renoncer au système qui a été suivi à leur égard jusqu'à ce moment. Au surplus on ne ferait, en ceci, que se conformer à l'exemple que le gouvernement a donné, dès l'abord, dans la construction des gares de Paris. Là, aucune difficulté ne s'est présentée contre leur construction, dans l'enceinte avancée de la ville, quand la configuration du terrain l'a permis. Or, pourquoi maintiendrait-on cette différence dans l'application de la loi de 1791, dont les dispositions n'établissaient cependant aucune distinction entre les villes fortifiées, ni aucune exception en faveur de la capitale du royaume?

Il serait donc juste et logique à la fois de ramener les choses, sur ce point, à l'unité d'action et à une parfaite assimilation entre Paris et les autres places fortes, auxquelles les motifs que nous avons fait valoir ci-dessus s'appliquent même avec plus de fondement et d'opportunité.

Dans ce but, et après s'être concerté sur ce point avec les compagnies concessionnaires et les villes intéressées, le gouvernement se réservera la préparation des plans et même la construction des gares aboutissant à des villes de guerre, disposition qui aurait d'ailleurs un précédent dans ce qui s'est passé pour la gare de Strasbourg. Une supplique serait adressée à l'Empereur par lesdites compagnies, à l'effet d'obtenir que Sa Majesté voulût bien faire examiner la question de ces gares et des servitudes auxquelles elles sont soumises, par suite des lois et décret précités; examen qui amènerait très-probablement à faire reconnaître que les débarcadères des chemins de fer doivent être exempts des prescriptions rigoureuses de cette législation; qu'il y a lieu, dans l'intérêt même de l'Etat et de la défense des places fortes, à lever l'interdit dont elles sont frappées aujourd'hui; qu'il y aurait même enfin tous les avantages possibles à ce que ces établissements, qui ne sont en ce moment que des bâtiments provisoires, fussent *tous construits* définitivement *dans l'intérieur* des places fortes, où ils offriraient toutes les garanties de sûreté dans le service ordinaire, et au besoin, de commodité pour les transports de gros objets militaires et la prompte arrivée des détachements de troupes. On doit espérer que le gouvernement accueillerait favorablement la démarche que feraient MM. les administrateurs des Compagnies, pour obtenir les résultats énoncés ci-dessus, et qu'il voudra bien faire examiner, sous le point de vue que nous venons d'indiquer, la situation actuelle des débarcadères construits en dehors des villes fortifiées, pour lesquels les Compagnies, dominées par les exigences du génie militaire, n'ont fait élever que des constructions provisoires et insuffisantes.

En ce qui concerne les gares de Paris il en est plusieurs, comme nous l'avons dit ci-dessus, qui comportent la reconstruction de leurs façades, ou des améliorations considérables dans tout l'ensemble des bâtiments.

Nous sommes certains que l'Etat et la Ville s'entendront facilement avec les Compagnies pour opérer ces importantes améliorations. Les administrateurs des plus riches et des plus prospères établissements industriels du pays seront heureux eux-mêmes, on ne saurait en douter, de procéder à cette œuvre de progrès, de concert avec l'Etat et avec les principales villes, chefs-lieux de départements. Partout, les Compagnies se féliciteront de concourir à l'embellissement de la capitale et des autres grandes cités de France, et de contribuer ainsi à la gloire d'un règne déjà illustré par tant de remarquables et rapides travaux.

Il sera d'ailleurs de toute justice que, par suite de cet accord entre les divers intéressés et même en vertu des lois actuelles, les frais de ces vastes constructions d'utilité publique soient partagés entre les villes, quelquefois les départements, les compagnies concessionnaires et l'Etat ; ce dernier devant, en raison des avantages qu'il en retire, supporter la plus forte part de la dépense. Ce principe d'équité et cette règle administrative recevraient ici une juste et rationnelle application ; car ces mesures satisferont évidemment des intérêts généraux, plus encore que ceux des Compagnies de chemins de fer.

Nous ferons observer, enfin, qu'il est à désirer, au point de vue de l'art, autant que de l'utilité pratique, que l'Etat intervienne et, peut-être, d'après les considérations que nous venons de lui soumettre, le plus tôt que faire se pourra, dans la question des gares qu'il convient de rebâtir ou d'agrandir à Paris, ou qu'il y aura lieu d'élever dans plusieurs grandes villes de province. L'Etat doit aussi, il nous le semble du moins, considérer la construction de ces débarcadères comme pouvant offrir un puissant élément de progrès et d'encouragement pour l'art de l'architecture.

En effet, à notre époque on bâtit peu de palais, de châteaux princiers, de splendides hôtels-de-ville, et presque pas de cathédrales ou de belles églises d'un grand style ; le cercle de ces constructions monumentales s'est beaucoup restreint depuis plus d'un demi-siècle : autres temps, autres idées, autres travaux.

Aujourd'hui, l'industrie, cette puisssante aristocratie du travail, aspire à exercer, à son tour, une des nobles attributions jadis dévolues à d'autres sommités sociales. L'industrie veut aussi s'honorer elle-même en élevant de magnifiques édifices destinés à l'exploitation de ses vastes entreprises. Et les chemins de fer étant, sans contredit, les plus considérables et les plus productives exploitations industrielles des temps modernes, il devient rationnel, nécessaire même, que les siéges principaux de ces immenses administrations financières soient autant de monuments consacrés au génie de l'invention qui a enfanté les voies ferrées. Comme on l'a déjà fait pour le commerce, auquel on a bâti partout des Bourses élégantes ou somptueuses, il est juste aussi que de pareils palais soient élevés en l'honneur du travail et de l'industrie de la vapeur, ces nobles et irrésistibles promoteurs de la civilisation universelle et du bien-être de l'humanité.

Certes, ce sont là de généreuses pensées, dignes des grands industriels de la France : c'est là un but honorable et utile ; aussi, nous le pensons, l'Etat doit continuer à cette fin, aux Compagnies concessionnaires, sa protection et ses encouragements, et, mieux encore, leur porter sa plus efficace participation ; car il est déjà entré dans cette voie, à son honneur, en se chargeant, dans plusieurs grandes villes, de la construction des gares, qui sont encore ce que nous avons de plus remarquable en ce genre d'édifices. De semblables opérations seraient toujours, de la part de l'Etat, des dépenses parfaitement régulières et de la plus intelligente destination, puisqu'elles s'appliqueraient à des bâtiments affectés en partie à des services publics, et qui doivent, un jour et en toute certitude, devenir sa propriété.

Nous croyons, enfin, qu'un concours ouvert entre tous les architectes français pour des projets de gares modèles à construire à Paris et dans les principales villes de l'empire donnerait une vigueur nouvelle à cette branche presque naissante, mais déjà robuste et en rapide croissance, de l'architecture contemporaine. Et, à ce sujet, veuille le lecteur nous permettre de rappeler ici que c'est à un semblable appel aux hommes de talent de deux glorieuses époques de notre histoire que la France et les arts doivent la colonnade du Louvre et la Madeleine, chefs-d'œuvre des grands règnes de Louis XIV et de Napoléon Ier.

MAURET DE POURVILLE.

Paris, le 15 juillet 1859.

TYPOGRAPHIE HENNUYER, RUE DU BOULEVARD, 7. BATIGNOLLES.
Boulevard extérieur de Paris.